AF403438

le plus léger bienfait que nous recevons par les sentimens d'une sincère reconnaissance ; mais que toute notre vie soit surtout une continuelle action de grâces envers Dieu, de qui nous avons reçu tout ce que nous avons et tout ce que nous sommes.

O Dieu de bonté ! protégez et secourez de votre grâce votre famille, qui espère en votre miséricorde, et faites que, comme elle mit sa gloire dans les vertus de saint Bertrand, elle obtienne par ses mérites et son intercession le bonheur de jouir d'une paix perpétuelle dans l'unité des mêmes sentimens. Par Jesus-Christ Notre-Seigneur, qui vit et règne dans tous les siècles. *Amen.*

phète Ezéchiel : *je te redemanderai le*

peut passer pour un prodige. Saint Jerôme, toujours inépuisable dans l'éloge qu'il en fait, nous apprend, dans sa lettre à Rustice, qu'Exupère ne se contenta pas d'employer tout ce qu'il possédait au soulagement des pauvres, mais qu'il vendit encore pour eux les calices et les reliquaires de l'église ; et après l'avoir comparé, à cause de ses aumônes, à la veuve de Sarepta, il nous le représente avec un visage pâle et défait par les jeûnes, se tourmentant de la famine que souffrent les membres de Jesus-Christ, et mourant de faim pour les nourrir. Il nous dit qu'il n'y avait rien de plus riche qu'Exupère, qui avait coutume de porter le corps de Jesus-Christ dans un panier d'osier, et son sang dans un verre. La conduite qu'Exu-

COURS D'ÉTUDES

A L'USAGE DES ÉLÈVES

DE

L'ANCIENNE ÉCOLE ROYALE MILITAIRE.

IV.ᵉ DIVISION.

ABRÉGÉ D'HISTOIRE,

II.ᵉ PARTIE.

HISTOIRE ANCIENNE.

ABRÉGÉ

DE

L'HISTOIRE ANCIENNE,

EN PARTICULIER

DE L'HISTOIRE GRECQUE,

SUIVI

D'UN ABRÉGÉ DE LA FABLE,

A l'usage des Élèves de l'ancienne École Royale Militaire.

SEPTIÈME ÉDITION AUGMENTÉE.

A TOULOUSE,

Chez BENICHET CADET, Imprimeur-Libraire, rue de la Pomme, N.° 139.

1813.

ABRÉGÉ

DE

L'HISTOIRE ANCIENNE.

NOTIONS GÉNÉRALES
SUR LES ÉGYPTIENS
ET LES ANCIENS PEUPLES DE L'ASIE.

I.

Sur les Egyptiens.

L'EGYPTE est la partie de l'Afrique la plus voisine de l'Asie, dont elle est séparée par la mer rouge. Quoique très-fertile, elle n'a pu devenir habitable qu'à force d'industrie et de travaux. Le Nil inonde ses campagnes plus de trois mois de l'année ; et le limon qu'il y dépose, sur des terres naturellement arides, est le principe de l'abondance dont elle jouit. Cinq mois de pluie dans les pays d'où ce fleuve coule, le font croître et se déborder. Si le débordement ne monte pas

Idée de l'Egypte.

A 3

jusqu'à huit coudées, ou s'il monte au-dessus de vingt - quatre, l'Egypte souffre de la disette.

Spectacle de l'Egypte.Pendant l'été, elle ressemble à une mer parsemée de villes, de villages et de bosquets ; pendant l'hiver, c'est une plaine riante, couverte de moissons, d'arbres odoriférans, de troupeaux et de laboureurs. Mais pour qu'un peuple s'y formât des habitations au milieu des eaux, pour qu'il trouvât les moyens de profiter de la crue du Nil et d'en éviter les inconvéniens, il a fallu que les hommes fussent assez habiles pour vaincre les obstacles de la nature. C'est le fruit du temps et de l'expérience. Les Egyptiens sont neanmoins un des plus anciens peuples civilisés que l'on connaisse par l'histoire.

AntiquitéDès le temps des patriarches, leur monarchie était florissante. Selon les traditions de leurs prêtres, elle avait une antiquité prodigieuse. Ils supposaient que les dieux l'avaient gouvernée d'abord, et que Vulcain, le premier de tous, y avait régné neuf mille ans. Osiris, Isis, sa femme et sa sœur, Hermès, que les Grecs ont nommé *Mercure*, étaient autant de divinités à qui ils attribuaient l'origine des lois, des arts et des sciences. Ils divinisaient ainsi les hommes, qu'on regardait comme les auteurs des avantages de la société ; c'est une des principales sources de l'idolâtrie.

Premier roi.Ménès a été véritablement le premier roi d'Egypte. Son règne remonte si haut, que des savans le prennent pour un des petits-fils de Noé. Il régnait l'an 2965 avant Jésus-Christ, selon d'habiles chronologistes. La chronologie ordinaire, suivie par l'illustre Bossuet, ne met cependant que 2348 ans entre Jésus-Christ et le déluge universel. Mais elle est évidemment incertaine et l'on ne peut la prendre pour règle, sans risquer de se tromper de plusieurs siècles.

Après Ménès, s'écoulèrent plusieurs siècles qui sont inconnus, et dans lesquels on place les rois *pasteurs*. Ces pasteurs étaient des Arabes qui firent la conquête de l'Egypte. Enfin le fameux Sésostris paraît sur le trône, prince conquérant et législateur, qu'on disait avoir pénétré jusque dans l'Inde, jusque dans la Thrace, mais dont nous ne pouvons rien savoir de certain.

L'histoire d'Egypte ne s'éclaircit un peu qu'environ l'an 670 avant Jésus-Christ. Alors le roi Psamméticus ouvrit ses portes aux étrangers, et la nation entra en commerce avec les Grecs.

Néchos son fils, entreprit de joindre le Nil à la mer rouge, par un canal de communication. Cette entreprise digne d'un grand roi, ne réussit point, et il y perdit plus de cent mille hommes dans les travaux. Il en fit exécuter un autre qui devait immortaliser son règne. Par ses ordres, des navigateurs Phéniciens partant de la mer rouge, firent le tour de l'Afrique et revinrent la troisième année à l'embouchure du Nil.

Amasis détrôna le fils de Néchos. Il se rendit célèbre en favorisant le commerce, en attirant les Grecs dans son royaume, où Solon et Pytagore vinrent s'instruire.

Cambyse. Sous le règne suivant, la monarchie fut détruite. Cambyse, roi de Perse, la subjugua vers l'an 525 avant J. C. l'Egypte demeura presque toujours esclave ou tributaire des Perses, jusqu'à la conquête de leur empire par Alexandre. Elle acquit un nouvel éclat sous les Ptolémées, comme on le verra dans la suite. Le gouvernement, les lois, la religion, les mœurs, les arts et les sciences des Egyptiens, sont plus propres à nous instruire que leur histoire.

Gouvernement des Egyptiens. De temps immémorial, l'Egypte avait obéi à des rois. Ce gouvernement, qu'on appelle *monarchie*, se forma sans doute sur l'exemple de l'autorité paternelle. Un père était le chef de sa famille et la gouvernait : on choisit un roi pour être le chef du peuple et le gouverner. Les lois devaient lui servir de règle à lui-même; elles réglaient en Eypte l'ordre de sa cour, l'emploi de son temps, les mets de sa table. Chaque jour la religion lui rappelait ses devoirs; le grand-prêtre l'exhortait à la pratique des vertus royales, et fesait des imprécations contre ceux qui voudraient l'en détourner par leurs conseils. La lecture des meilleures maximes, des traits d'histoire les plus instructifs, était aussi employée pour diriger sa conduite.

Rois jugés après leur mort. Ces rois, comme les particuliers, étaient jugés publiquement après leur mort; chacun pouvait les accuser ; le peuple prononçait le jugement, et s'ils avaient mal vécu ou mal gouverné, on les privait de sépulture. Combien cette coutume ne pouvait-elle pas réprimer le vice?

On attribue à Sésostris la distribution de l'Egypte en trente-six *nomes* ou départemens, qu'il confiait aux hommes les plus dignes de commander. Les terres étaient partagées entre le roi, les prêtres et les gens de guerre. Le reste de la nation devait subsister de son travail. Ce partage mettait trop d'inégalité, et rendait les prêtres trop puissans.

Eux seuls cultivaient les sciences, ils avaient présidé à la constitution de l'état, et ils conservèrent toujours une grande influence dans les affaires. Il paraît que les guerriers furent amollis par les richesses; ils furent presque toujours vaincus par les peuples qui attaquèrent l'Egypte.

L'administration de la justice était un des principaux fondemens du bonheur public. Trente juges choisis, dans les trois capitales du royaume, Héliopolis, Memphis et Thèbes (1), formaient un tribunal infiniment respecté. Le roi fournissait à leur entretien, et leur fesait jurer de ne pas lui obéir, s'il ordonnait une sentence injuste. Les affaires se discutaient par écrit de peur que l'éloquence ne fît illusion. Le président tenait une figure de la vérité, dont il touchait celui qui gagnait sa cause; c'était un signe que la vérité seule dictait les arrêts.

Partage des terres.

Prérogatives des prêtres.

Administration de la justice.

---

(1) Héliopolis était dans la *basse-Egypte*, Memphis dans la *moyenne*, Thèbes dans la *haute*.

Lois.

Parmi les lois des Egyptiens, quelques-unes sont remarquables. On punissait l'adultère, comme un crime des plus nuisibles à la société ; l'homme qui l'avait commis, recevait mille coups de verge, et l'on coupait le nez à la femme.

Punition des soldats.

Les soldats coupables de lâcheté, n'étaient punis que par des marques d'infamie, parce que l'honneur doit sur-tout animer les gens de guerre. Quiconque avait pu sauver un homme attaqué par des meurtriers, était puni de mort s'il ne l'avait pas sauvé, et la ville la plus proche du lieu où se trouvait le cadavre, était obligée de lui faire des obsèques dispendieuses, tant les lois veillaient à la conservation des citoyens.

Paiement des dettes.

Les biens, et non la personne du débiteur, répondaient de la dette ; ce qui empêchait les violences des créanciers.

Loi contre l'oisiveté.

Une loi d'Amasis obligeait de déclarer tous les ans sa profession, et les moyens dont on subsistait : elle condamnait à mort ceux qui ne pouvaient prouver que leurs moyens de subsistance étaient honnêtes. L'excessive sévérité de cette loi, fait du moins sentir combien l'oisiveté, la fraude et les autres vices déshonorent l'homme, et le rendent indigne de vivre avec ses semblables.

Professions.

Les professions étaient héréditaires, sans qu'il fût permis d'en jamais changer. On a prétendu que les Egyptiens en fesaient mieux toutes choses, mais il est certain que leur émulation devait en être moins forte, leurs progrès plus lents, et c'est la cause pourquoi ils n'ont rien perfectionné. Avec leurs lois si vantées, ils avaient de grands abus, comme le mariage entre frère et sœur, et la polygamie, ou pluralité des femmes, permise à tous, excepté aux prêtres.

La religion, si nécessaire pour maitenir la vertu, dégénéra parmi eux en superstition extravagante et funeste. Les premières idées d'un Dieu unique, à qui l'homme doit son amour et ses hommages, furent effacées par les fantômes de l'imagination et de la peur. Non-seulement on déifia des hommes, mais on adora des animaux. Religion.

Le bœuf Apis, principale divinité, était un taureau noir marqué de certaines taches. Le chat, le chien, le crocodile, etc. recevaient comme lui les honneurs divins. Tuer, même involontairement, un des animaux sacrés, était un crime puni de mort. Plutôt que d'y toucher dans une famine, les Egyptiens se mangeaient, dit-on, les uns les autres. Bœuf Apis.

Ils ne s'accordaient point sur le culte. Là le crocodile était adoré, ici l'ichneumon, ennemi du crocodile ; là le mouton, ici la chèvre. Des querelles et des haines religieuses naissaient de cette différence. Culte.

On abhorrait quelques animaux comme immondes, sur-tout le porc ; on abhorrait aussi la mer, par conséquent la navigation ; on avait pour les étrangers une aversion superstitieuse, qui empêchait de manger avec eux, et même d'un mets qu'ils auraient coupé avec leur couteau, Superstition.

Politique des prêtres.

Les prêtres avaient une idée plus juste de l'Etre-suprême , ils avaient une doctrine secrète , fort supérieure à la croyance du peuple ; mais ils ne la communiquaient qu'à un petit nombre de personnes , en les initiant à leurs mystères, et ils entretenaient la superstition commune , dont ils savaient profiter. Il n'appartient qu'à la vraie religion d'inspirer la vertu en dissipant les erreurs.

Célébrité des Egyptiens.

C'est aux arts et aux sciences que les Egyptiens doivent sur-tout leur célébrité. L'usage du fer , l'usage même du feu , ont été long-temps inconnus aux hommes. L'usage du pain l'est encore à la plupart des peuples. Combien ne faut-il donc pas admirer les auteurs de tant de précieuses découvertes ? on attribuait à Osiris l'invention de la charrue ; c'est un des plus grands services rendu au genre humain , puisque l'agriculture a fait naître la société civile.

Arts.

Avant que les hébreux fussent rassemblés en corps de nation, l'Egypte connaissait déjà les beaux arts : on y voyait de fines étoffes , des vases ciselés , l'architecture y produisait des monumens d'une grandeur et d'une solidité prodigieuses.

Pyramides.

Trois des anciennes pyramides subsistent encore. La plus grande a deux mille six cent quarante pieds de circuit , et cinq cens pieds de hauteur perpendiculaire. On raconte que cent mille ouvriers y travaillèrent trente ans de suite. Ces énormes édifices étaient des tombeaux , que des rois se fesaient construire

par

par vanité, et par lesquels ils n'ont pas même sauvé leur nom de l'oubli.

Le lac Méris, destiné à recevoir les eaux du Nil, pour remédier à une trop grande ou à une trop petite inondation, fut un ouvrage plus digne de l'immortalité, puisqu'il servit au bien public. Il fut fait sous les rois pasteurs. Dans le palais d'Osymandias, un de ces rois, était la plus ancienne bibliothèque du monde, avec cette inscription : *Remèdes de l'ame.*

Les obélisques font connaître aussi de quoi les Egyptiens étaient capables. Il y en avait plusieurs d'une seule pièce de cent quatre-vingt-dix pieds de haut : on en a transporté un à Rome beaucoup plus grand, que Sixte-Quint a rétabli. Ces ouvrages étonnans n'annoncent pas le goût du beau, mais le goût du gigantesque ; les difficultés vaincues en fesaient le principal mérite.

Les Egyptiens arpentaient les terres avec précision ; distribuaient les eaux du Nil par une infinité de canaux ; mesuraient exactement la crue de ce fleuve ; employaient toutes sortes de machines ; connaissaient le cours des astres. Ainsi leurs progrès dans quelques sciences, ne sont point douteux. Ils divisèrent l'année en douze mois ; ce fut d'abord une année lunaire de 354 jours seulement ; ils trouvèrent enfin la véritable année solaire de 365 jours et quelques heures. La géographie, ainsi que l'astronomie, furent l'objet de leur étude.

La superstition corrompait tout, même leur médecine. Comme ils fesaient dépendre

B

le bonheur des morts de la conservation des cadavres, ils avaient un art merveilleux pour les embaumer; de sorte que leurs momies durent encore. Cependant, par une contradiction absurde, ceux qui fesaient l'opération, étaient en horreur après avoir touché aux cadavres et prenaient la fuite.

Ecriture.　L'écriture consistait d'abord en hiéroglyphes, c'est-à-dire, en un grand nombre de figures, qui représentaient confusément les objets. Quand on connut les caractères alphabétiques, une des plus belles inventions de l'esprit humain, les prêtres conservèrent l'usage des hiéroglyphes, afin de cacher leur science au vulgaire.

Jugement sur les Egyptiens　Ce peuple célèbre a donc été trop vanté par ses admirateurs. Il avait des talens et des vertus pacifiques, un grand respect pour l'autorité paternelle, un attachement inviolable aux coutumes établies; mais il était mou, lâche, superstitieux, esclave de ses préjugés, méprisant tout ce qu'il ne pratiquait pas, et dès-lors incapable de rien perfectionner. Les Chinois ressemblent beaucoup à cet égard aux Egyptiens. Quoique leur empire ait peut-être quatre mille ans, ils demeurent toujours au même point de connaissances imparfaites.

I I.

Sur les Phéniciens.

Phénicie.　La Phénicie, sur les côtes de la Méditerranée, était un pays stérile qui ne pouvait fournir à la subsistance de ses habitans. Le besoin rend industrieux : c'est l'origine des premiers arts, auxquels l'expérience, la réflexion et même les hasards, ont ajouté tant d'utiles découvertes.

De temps immémorial, les Phéniciens sentirent que la navigation devait leur procurer des ressources. Profitant des avantages qu'offraient leurs ports et les forêts du mont Liban, ils bravèrent tous les périls de la mer. Sans autre guide que les étoiles du pôle, ils étendirent prodigieusement leur commerce.

Ressources des Phéniciens.

Les isles de Chypre et de Rhodes, la Grèce, la Sicile, la Sardaigne, reçurent leurs colonies. Ils parvinrent jusqu'à l'Espagne ; ils pénétrèrent dans l'Océan. Cadix devint leur entrepôt. Ils tiraient de la Bétique, en particulier, d'immenses richesses. Surchargés d'argent, dans un voyage, ils furent obligés d'en mettre à leurs ancres au lieu de plomb. Le commerce enfin les fesait jouir de tout ce que les autres peuples avaient d'utile et de précieux.

Colonies.

Ils cachaient avec soin le secret de leur navigation, de peur qu'on n'en partageât le profit. Leur voyage autour de l'Afrique, dont nous avons parlé ailleurs, est d'autant plus admirable, que leurs vaisseaux ne pouvaient guère s'éloigner des côtes. La boussole rend facile aujourd'hui ce qui était alors presqu'impossible.

Navigation.

Le hasard procura aux Phéniciens leur précieuse teinture de pourpre. Un chien de berger, pressé par la faim, brise un coquillage ; il en a la gueule teinte ; cette cou-

Teinture de pourpre.

leur paraît admirable : on trouve le moyen de l'extraire de coquillages de la même espèce, et de l'appliquer aux étoffes : la pourpre est bientôt l'ornement des rois. Voilà comme le hasard peut contribuer aux découvertes de l'industrie.

Ecriture. Une invention sublime, dont on fait honneur aux Phéniciens, c'est l'écriture alphabétique, par laquelle les idées se transmettent si aisément. Leur alphabet semble avoir donné naissance à celui des Européens; car les lettres grecques en dérivaient, et de ces lettres sont venues celles des latins qui sont les nôtres. L'art de tout exprimer avec un petit nombre de caractères, pouvait seul dissiper l'ignorance du genre humain.

Superstitions. Malgré leurs lumières et leur commerce, les Phéniciens eurent des superstitions, mais beaucoup moins que l'Egypte. On leur reproche d'avoir sacrifié des hommes à la divinité; sacrifices exécrables, dont les exemples ont été communs dans plusieurs pays du monde.

Ville capitale. Sidon fut leur première capitale. La fameuse Tyr devint ensuite plus florissante. Enfin Carthage, colonie de Tyr, fondée vers l'an 890 avant J. C., surpassa la Phénicie en richesses et en puissance.

Carthage. La méchanceté de Pygmalion, roi de Tyr, fit en quelque sorte naître Carthage. Il avait tué l'époux de Didon, sa sœur, pour s'emparer de ses biens. Didon prit la fuite, emporta ses trésors, et alla fonder en Afrique cette ville qui devait un jour être la rivale de Rome.

III.

Sur les Assyriens et les Babyloniens.

La Mésopotamie, située entre le Tigre et l'Euphrate, dans un des plus beaux climats du monde, devait être habitée par un peuple également ancien et célèbre. *Lieu de leur habitation.*

Selon la plupart des historiens, Babylone sur l'Euphrate, et Ninive sur le Tigre, furent les capitales de deux grands empires. Mais on a lieu de croire que les Babyloniens et les Assyriens ne furent bientôt qu'un même peuple, et que ces deux noms se prenaient indifféremment l'un pour l'autre.

Si l'on en croit les historiens grecs, Ninus, après avoir fondé Ninive, dont l'enceinte est d'environ vingt-cinq lieues, va faire des conquêtes suivi d'un million de combattans : Sémiramis, femme d'un de ses officiers, se distingue par des exploits héroïques ; il l'épouse et lui laisse la couronne. *Ninus.*

Pour s'immortaliser, cette princesse construit en peu d'années Babylone, plus grande que Ninive. Des murs où six chars peuvent aller de front ; de magnifiques jardins suspendus ; des prodiges d'architecture et de sculpture, le temple de Bélus renfermant une statue d'or de quarante pieds de haut, tout cela est l'ouvrage de Sémiramis. Elle fait bâtir d'autres villes ; elle va conquérir des royaumes, elle marche contre le roi de l'Inde avec une armée innombrable ; elle est vaincue et mise en fuite ; elle meurt quelque temps *Sémiramis.*

après dans ses états. De pareilles histoires sont évidemment fabuleuses.

Rois. On ne trouve aucun fait remarquable, dans un espace de plus de huit cens ans, jusqu'au voluptueux Sardanapale, roi d'Assyrie, qui, assiégé par les Mèdes, se brûla avec ses femmes. Contentons-nous de savoir que Nemrod, arrière-petit-fils de Noé, fonda Babylone, selon l'écriture sainte, et que les savans ne peuvent éclaircir les antiquités de cet empire.

Science des Babyloniens. Les Babyloniens, ou plutôt les Chaldéens leurs prêtres, observaient soigneusement les astres sous un beau ciel. Ils devinrent astronomes; ils firent des progrès dans cette science; ils inventèrent les cadrans solaires. Mais ils s'attachèrent sur-tout à une science fausse et absurde, qui a long-temps abusé le genre humain. Ils prétendaient connaître l'avenir par l'inspection des astres. C'est ce qu'on appelle l'astrologie judiciaire. Ils en tiraient de grands avantages, puisqu'on se livrait par crédulité à tous leurs caprices. Ils établirent le culte des astres, qui furent les divinités du pays. Leur dieu Bélus était le soleil. Cette idolâtrie ne les empêchait pas de reconnaître un Dieu suprême, dont la connaissance ne parvenait point au peuple.

Arts, luxe Les arts florissaient de temps immémorial en Assyrie et à Babylone. Le luxe, la mollesse et la débauche y régnaient également. Mais cette corruption de mœurs devint sur-tout excessive, après la conquête de Babylone par Cyrus. L'indigence en fut la principale cause, car souvent elle inspire plus de vices que les richesses. Elle fit perdre aux femmes toute pudeur et aux hommes tout sentiment de morale.

IV.
Sur les Mèdes et les Perses.

Au-délà du Tigre, la Médie et la Perse, la première au nord, la seconde au midi, s'étendaient dans un vaste pays entrecoupé de montagnes. Les Mèdes étaient soumis à l'empire des Assyriens, lorsque Sardanapale sacrifiant aux plaisirs tous les devoirs de la royauté, ils profitèrent de l'occasion pour se rendre libres. Ils furent d'abord sans chefs, sans gouvernement, et la licence multiplia les désordres. Enfin ils se donnèrent un Roi, vers l'an 600 avant J. C. *Où étaient situés.*

Déjocès les gouverna au commencement avec sagesse. Mais enivré de sa grandeur, ou voulant contenir ses sujets par la crainte, il devint extrêmement sévère ; il se renferma dans un palais inaccessible ; il ne se laissa voir qu'aux officiers de sa maison ; et c'était un crime capital, selon Hérodote, que de rire ou de cracher en sa présence. Il semblait ne vouloir régner que par la terreur. Etrange manière de gouverner les hommes ! *Déjocès.*

Ecbatane qu'il bâtit, pour en faire sa capitale, avait sept enceintes de murailles, élevées les unes sur les autres. Le faste asiatique devait y énerver en peu de temps le monarque et les sujets. L'éducation des princes ne fut confiée qu'à des femmes et à des *Faste des Perses.*

eunuques : elle n'était donc propre qu'à inspirer la mollesse au lieu des vertus mâles dont les hommes, et sur-tout les princes ont besoin pour ne pas se déshonorer. Aussi les Mèdes furent-ils bientôt assujettis par les Perses qui conservaient encore les mœurs antiques.

Antiquité, Religion.

La monarchie des Perses était une des plus anciennes du monde. Ils eurent long-temps des lumières et de la sagesse, une religion même sans idolâtrie. Ils connaissaient l'unité de Dieu. Le soleil qu'ils semblaient adorer, le feu sacré qu'ils conservaient soigneusement, n'étaient que des symboles de la puissance divine. On ne voyait chez eux, ni temples, ni simulacres ; ils disaient qu'on insultait la divinité en voulant la renfermer dans une enceinte de murs.

Mages.

Les prêtres, connus sous le nom de Mages, se rendaient respectables par la science, par des mœurs austères. Comme les prêtres égyptiens, ils avaient acquis trop de pouvoir, et pour le maintenir, ils fesaient de leur science un mystère. Ils tenaient de Zoroastre, ancien législateur des Perses, la doctrine des deux principes, par laquelle ils expliquaient l'origine du mal. Le bon principe, Oromase, était l'Être-suprême, créateur de la lumière et des ténèbres. Ils appelaient le mauvais principe Arimane ; ils le fesaient naître des ténèbres, et c'était l'auteur du mal.

Législation des Perses.

La législation punissait les vices, tels que l'ingratitude ; elle inspirait l'amour de la justice, la haine du mensonge et de l'oisiveté ; elle honorait l'agriculture, et le prince même se fesait un devoir de manger une fois l'an avec les laboureurs. Des lois si sages devaient rendre ce peuple aussi heureux que respectable. Il suffirait de dire à sa louange, que le mensonge était à ses yeux une infamie.

On donnait aux enfans une éducation publique, propre à former des hommes sages et courageux. Jusqu'à l'âge de dix-sept ans, ils étaient entre les mains de maîtres habiles, qui leur apprenaient tout ce que doivent savoir et pratiquer de bons citoyens. On ne pouvait être admis aux emplois sans avoir été nourri dans cette école. L'éducation même des princes était réglée, et consistait en exercices autant qu'en préceptes. *Education des enfans.*

Cyrus, roi de Perse, rendit cette monarchie très-célèbre et très-puissante. Son règne est une grande époque, vers l'an 560 avant J. C. Cependant, ni sa naissance, ni ses expéditions, ni sa mort, ne sont bien connues. Les anciens se contredisent sur tous ces points. *Cyrus.*

Dans Xénophon, c'est un héros vertueux; dans Hérodote, c'est un conquérant ambitieux et injuste. Il fonda certainement un vaste empire. Son courage, son habileté, la discipline de ses troupes, leur armure qu'il perfectionna, lui procurèrent des succès rapides. Il défit Crésus, roi de Lydie, fameux par son opulence; il s'empara de Babylone après un long siége, et rendit la liberté aux Juifs, captifs depuis soixante-dix ans; il étendit sa domination jusqu'à l'Inde, d'une part, et de l'autre, jusqu'à la mer Caspienne et à l'Archipel. *Son caractère.*

Sa fin. Selon le récit d'Hérodote , Cyrus fut défait par Tomyris , reine des Messagètes , et périt dans cette bataille. Tomyris plongea sa tête dans un vase plein de sang : *Abreuve-toi de sang* , dit-elle, *puisque tu en as toujours eu soif.* Xénophon , au contraire, le fait mourir dans son lit, après un règne glorieux de trente ans. L'histoire ancienne est remplie de pareilles contradictions.

Les Perses dégénèrent. Ce qu'il importe de savoir , c'est que les conquêtes de Cyrus firent le malheur plutôt que le bonheur de son peuple. Les Perses s'amollirent dans le repos et les richesses. Le roi lui-même se laissa corrompre par le luxe des Mèdes ; il négligea l'éducation de ses fils ; il reçut avec orgueil des adorations serviles , et tout dégénéra sous ses premiers successeurs. Des eunuques , de vils esclaves, eurent tout crédit dans le palais. Les Satrapes , gouverneurs des provinces , foulèrent les peuples impunément, et les rois ne pensèrent qu'à jouir.

Du despotisme. Le despotisme s'établit dans cet empire.

On nomme ainsi le gouvernement tyrannique d'un prince , qui ne connaît d'autres lois que ses volontés particulières , qui se croit le maître absolu des biens et de la vie de ses sujets, qui les traite réellement en esclaves.

Cambyse. Cambyse, fils de Cyrus, fut un monstre sur le trône. Il assassina , par jalousie, son frère Smerdis; il épousa , au mépris des lois , sa propre sœur. Les juges , consultés , pour la forme sur ce mariage incestueux, répondirent lâchement que la loi permettait aux monarques de faire tout ce qu'ils voulaient.

Il entreprit, sans raison, la conquête de l'Egypte. On raconte que voulant prendre Péluse d'assaut, il mit au premier rang de ses troupes, une multitude d'animaux sacrés, pour les Egyptiens, et que ceux-ci, de peur de blesser leurs dieux, ne se défendirent point. Si c'est une fable, elle s'accorde du moins avec la superstition de ce peuple. Cambyse fit tuer leur bœuf Apis, renversa leurs temples, se rendit exécrable par ses excès. Il se flatta de conquérir de même l'Ethiopie, peuplée d'hommes robustes et belliqueux. Il y marcha en téméraire qui ne prend aucune précaution, et fut contraint de revenir honteusement. Une conspiration s'était formée contre lui en Perse. Il allait se venger, lorsqu'il mourut d'un accident l'an 522 avant J. C.

Comment il s'emparará de l'Egypte.

Un mage avait usurpé la couronne se donnant pour le prince Smerdis. On découvrit l'imposture; on le tua; on mit à sa place Darius, fils d'Hystaspe. Celui-ci imita le despotisme et la témérité de Cambyse. Il attaqua les Scythes, nation pauvre, libre, indomptable : il n'y gagna que la honte d'être repoussé. A la nouvelle de son entreprise, ils lui envoyèrent, dit-on, un oiseau, une souris, une grenouille et cinq flèches, sans s'expliquer autrement. Un seigneur interpréta ainsi leur pensée: « Si les Perses » ne s'envolent comme les oiseaux, ou ne

Son successeur.

» se cachent dans la terre comme les sou-
» ris, ou ne s'enfoncent dans l'eau comme
» les grenouilles, ils n'échapperont point aux
» flèches des Scythes. » C'était l'usage en
Orient d'employer des figures allégoriques;
mais il paraît que celle-ci fut inventée après
coup, pour répandre du merveilleux dans
l'histoire.

Nous verrons ce même Darius en guerre
avec les Grecs.

V.

Sur les Indiens.

Idée de l'Inde. — L'Inde, partie méridionale de l'Asie,
arrosée par l'Indus et le Gange, est un des
pays les plus riches en productions de la
nature. Outre les diamans et les pierreries de
toute espèce, on y trouve en abondance la
soie, le coton, le riz, le sucre, les épiceries,
des fruits délicieux, des animaux rares et
utiles, tels que le chameau et l'éléphant. Le
climat est si chaud, qu'à peine on y a besoin
de vêtemens, et la terre si fertile, qu'à peine
on y a besoin de travail.

L'Inde, avec de tels avantages, devait être
habitée et policée avant la plupart des autres
pays. Ses commencemens se perdent dans
l'obscurité des siècles.

Sa division. — Les Indiens étaient divisés en plusieurs classes ou *castes*, qui ne se confondaient jamais
ensemble. Il y en avait une de *surveillans*,
destinée à rendre compte au prince de la conduite des autres. Celle des laboureurs jouissait d'une tranquillité favorable à l'agriculture ;

ture ; on ne les tirait jamais des campagnes pour les employer ailleurs ; on se fesait une loi de ne toucher, ni à leurs personnes, ni à leurs biens. Celle des Brames ou Brachmanes, avait la prééminence sur toutes les autres, parce qu'elle était dépositaire de la religion et de la science. Ils tirèrent leur nom de Brama, dont ils fesaient, ou un Dieu, ou un génie du premier ordre. Leur autorité fut la même que celle des mages de Perse et des prêtres d'Egypte.

Ces Brachmanes excitaient l'admiration par l'austérité de leur vie. On les voyait se tenir debout au soleil le plus ardent, exercer leurs corps à la douleur, mépriser la mort, et se faire brûler tous vifs plutôt que de mourir de vieillesse ou d'infirmité. Plusieurs ne portaient point d'habits ; on les nomma, par cette raison, *Gymnosophistes*. Des Brachmanes.

L'ancienne doctrine des Indiens est remarquable. Ils croyaient que le monde a commencé et qu'il finira ; que Dieu le remplit de sa présence ; que les premiers hommes, ayant abusé de leur bonheur, furent condamnés à vivre de leur travail ; qu'après la mort, il se fait une métempsycose, c'est-à-dire, que les ames passent dans d'autres corps ; qu'elles sont punies de leurs crimes en passant dans le corps d'animaux immondes et malheureux ; que purifiées par une suite de transmigrations et d'épreuves, elles se réuniront à leur origine pour jouir d'une éternelle félicité. Doctrine sur la mé-tempsyco-se.

Cette doctrine mettait un frein au vice,

C

elle empêchait de manger les animaux. Les imaginations échauffées par le climat et par la voie contemplative, enfantèrent dans l'Inde beaucoup de folies superstitieuses. Les femmes se firent un devoir de se brûler après la mort de leurs maris. On en voit encore aujourd'hui des exemples.

Progrès dans les sciences. — Les chiffres arabes, le jeu d'échecs, ont été probablement inventés par les Indiens. Ces inventions supposent beaucoup de génie. Du-reste, en fait de science, et sur-tout d'astronomie, les Egyptiens et les Chaldéens paraissaient fort supérieurs. Dans l'Inde on regardait la terre comme une surface plate, ayant au milieu une montagne, autour de laquelle tournent les astres. Tels sont les égaremens de l'esprit, quand il n'est pas éclairé par des études solides.

HISTOIRE GRECQUE.

CHAPITRE I.er

Des temps fabuleux et héroïques.

Idée de l'histoire grecque. — EN considérant l'étendue médiocre de la Grèce, habitée par un nombre de petits peuples rivaux, on n'imaginerait pas que son histoire pût être beaucoup plus intéressante que celle des grands empires de l'Asie. Mais l'héroïsme de la liberté, les prodiges du courage et de la vertu, les succès de la politique, les monumens du génie et des beaux arts, ont rendu cette partie de l'Europe si célèbre, qu'il serait honteux d'ignorer ce qu'elle a fait, ce qu'elle a produit. Son ancienneté remonte trop loin pour être bien connue.

Ce pays se divisait en quatre parties principales : 1.º la Grèce proprement dite, comprenant l'Étolie, la Doride, la Phocide, la Béotie, l'Attique et la Locride ; 2.º le Péloponnèse, où se trouvaient l'Achaïe, la Messénie, l'Arcadie, la Laconie et l'Argolide ; 3.º l'Épire ; 4.º la Thessalie. L'isthme de Corinthe unissait le Péloponnèse au reste de la Grèce. *Division de la Grèce.*

Les Grecs furent au commencement des sauvages presque sans société. Ils apprirent à se faire des cabanes et à se couvrir de peaux. Voilà leurs premières découvertes. Ils vivaient d'ailleurs comme les bêtes, ne connaissant pas même le mariage, n'ayant aucune idée de police. *Origine des Grecs.*

Vers l'an 2000 avant J. C. une colonie s'établit en Grèce. Saturne, Jupiter, les autres Titans, adorés depuis comme des dieux, en étaient probablement les chefs, mais leur établissement n'eut rien de considérable. D'autres étrangers vinrent à bout de rassembler les familles et d'en former des peuplades. Athènes, Argos, Sparte et Thèbes, fondées par eux, devinrent de petits états. Des tremblemens de terre, de terribles inondations, qui semblent avoir détaché du continent plusieurs isles, retardèrent les progrès de la société et la culture des mœurs. Des brigandages continuels y mirent encore plus d'obstacles. *Leurs colonies.*

C 2

Fondateur d'Athènes. Le fondateur d'Athènes fut Cécrops, Egyptien. Il s'établit dans l'Attique l'an 1582 avant J. C. Sa ville, nommée d'abord Cécropie, devait être un jour la patrie de tous les talens. Il y jeta les fondemens de la vie civile, par le moyen de la religion et du mariage. Il créa le tribunal de l'Aréopage, destiné à punir les meurtres, tribunal dont la réputation s'est soutenue avec tant d'éclat. Les jugemens s'y rendaient de nuit en plein air, sur la simple exposition du fait, et ne furent jamais taxés d'injustice.

Danaüs. Danaüs, autre Egyptien, introduisit l'agriculture et quelques arts dans son royaume **Cadmus.** d'Argos. Cadmus, Phénicien, peupla Thèbes dans la Béotie, y fit connaître la culture de la vigne, l'art de travailler les métaux, et même l'écriture alphabétique.

Obstacles à l'agriculture. Ainsi la Grèce recevait tout des étrangers. Passionnée pour les fables, elle donna une origine sacrée à ces inventions humaines; elle supposa des dieux qui en fussent les auteurs. On découvre cependant parmi tant de fables une vérité importante; c'est que les préjugés de la barbarie opposèrent de grands obstacles aux plus utiles inventions. Triptolème, par exemple, risqua d'être mis en pièces, parce qu'il enseignait le labourage, et Bacchus essuya les mêmes périls en établissant la culture de la vigne. Tant l'ignorance rend les hommes aveugles et injustes !

Amphictyons. Peu de temps après Cécrops, et après le déluge, qu'on appelle de Deucalion, les Grecs sentirent du-moins l'avantage de se réunir pour la sûreté commune. Ils avaient autant de rois que de peuplades; ils étaient continuellement en guerre les uns avec les autres, et n'auraient pu se défendre contre un ennemi étranger. Douze des principales villes formèrent enfin une confédération, qui seule pouvait remédier à tant de maux. Leurs députés devaient se rendre deux fois l'an aux Thermopiles. Ils y formaient un conseil où se jugeaient les différends. Si des rebelles refusaient l'obéissance à leurs décrets, on employait contr'eux la force des armes. Cette assemblée s'appelait le conseil des amphictyons, du nom de son instituteur.

La défense du temple de Delphes, fameux par l'oracle d'Apollon, était spécialement commise à leurs soins. Les motifs de religion rendaient sacré un établissement, qui devait produire les plus grands biens, en fesant éprouver qu'autant la discorde est funeste aux hommes, autant l'union leur est salutaire. *Respect pour eux.*

La guerre de Thèbes, où sept rois se liguèrent contre Ethéocle; l'expédition navale des Argonautes dans la Colchide pour enlever la toison-d'or; la guerre de Troye, dans laquelle toute la Grèce était unie pour venger l'injure d'un Grec, prouvent que la nation acquérait de la politique et des forces. Nous ne devons point nous arrêter au récit de ces évènemens, puisque tout y est altéré par des fables, et qu'ils appartiennent à la mythologie, plutôt qu'à l'histoire. Il suffit de savoir que l'époque de la prise de Troye est l'an 1209 avant Jésus-Christ. *Antiquité fabuleuse*

C—3

Colonies Grecques. Tandis que les demi-dieux et les héros grecs se signalaient contre les Troyens, leur absence de dix ans occasionna en Grèce beaucoup de désordres et de brigandages. Environ quatre-vingts ans après, les Héraclides, descendans d'Hercule, qu'on avait chassés du Péloponnèse, y rentrèrent les armes à la main; ils s'emparèrent de Mycènes, de Sparte, d'Argos, et répandirent la terreur de tous côtés.

Alors des colonies grecques passèrent la mer, s'établirent dans les isles et sur les côtes de l'Asie mineure. On distingue sur-tout celles des Ioniens, des Eoliens et des Doriens. La tranquillité et l'abondance dont elles jouirent, favorisaient la culture des talens. Homère les illustra par ses deux poëmes épiques, l'Iliade et l'Odissée. Il vivait environ trois cens ans après la guerre de Troye. Il fait époque dans l'histoire de l'esprit humain, la plus instructive de toutes.

Lois de Minos. Depuis long-temps, Minos, roi de Crète, que les poëtes font juge des enfers, s'était dit inspiré pour établir des lois nouvelles. Mais ces lois se rapportaient principalement à la guerre, et n'empêchèrent point les troubles ni les discordes civiles. Les Crétois furent de braves guerriers, mais des citoyens turbulens. Il était réservé à d'autres Grecs de laisser à la postérité des modèles de législation.

Mœurs. Les mœurs des temps héroïques de la Grèce furent simples et grossières comme celles de tous les Barbares. Homère nous en a tracé le tableau. Ces rois, qu'on se figure si puissans, avaient peu d'autorité, et n'avaient

presqu'aucun appareil de grandeur. Ils
tuaient eux-mêmes les pièces de bétail qui
servaient à leurs festins ; ils les dépouillaient,
les coupaient, les fesaient griller. On voit
dans l'Iliade, Agamemnon servir le dos d'un
bœuf à Ajax. Ils ne savaient que se battre,
sans aucune idée de la science militaire. Le
droit du plus fort était leur suprême loi.
Féroces dans les combats, ils ne l'étaient pas
moins dans la victoire, et leurs prisonniers,
fût-ce des princes ou des princesses,
essuyaient les plus indignes traitemens. Ils
avaient une avidité extrême pour le pillage ;
le butin se partageait entre les chefs et les
soldats : ceux-ci ne recevaient pas d'autre paie.

Faut-il s'étonner des injures que ces hé- *Mytho-*
ros se disaient publiquement ? Les dieux *logie.*
d'Homère s'en disent de pareilles, et mon-
trent les mêmes vices que les hommes. La
religion des Grecs déshonorait donc la divinité. Quoi de plus absurde que leur mythologie ? Quoi de plus superstitieux que leur
crédulité pour les oracles, dont les réponses
ambigues décélaient la fourberie des prêtres ?
Ils croyaient à la vie future, et ce dogme
annonce beaucoup de sagesse.

Mais la manière dont ils se figuraient l'é-
lysée et le tartare, choquait trop la raison
pour produire de solides avantages.

Ce fut d'abord un très-bon établissement Jeux.
que celui des jeux de la Grèce. Différentes
espèces de courses et de combats, la lutte, le
pugilat, le pancrace, y formaient le corps, lui
donnaient de l'agilité, de l'adresse et de la

vigueur, les préparaient à tous les travaux militaires. L'émulation y était excitée, non par l'intérêt, mais par la gloire : une couronne de feuilles, les applaudissemens et la renommée, paraissaient un prix infiniment préférable à la fortune. Ces jeux rassemblaient les Grecs, suspendaient leurs discordes. Toute hostilité cessait entr'eux pendant qu'on les célébrait. Goûtant alors les mêmes plaisirs, ils devaient sentir les douceurs d'une paisible union, ils devaient souhaiter de l'entretenir. Le culte qu'ils rendaient à leurs dieux, le récit pompeux des exploits de leurs héros, l'enthousiasme naturel à leur imagination ardente, tout élevait les ames dans de pareilles assemblées.

Esprit de ces jeux. Mais ces jeux dégénérèrent avec le temps en amusemens frivoles et ruineux. Des athlètes entretenus à grands frais, prirent la place des citoyens. On fit une folle vanité d'avoir des chevaux qui remportassent les prix pour leurs maîtres. La fureur des spectacles étouffa l'amour du bien public. Nous verrons les abus qu'elle produisit. Les jeux olympiques, célébrés tous les quatre ans près d'Olympie dans le Péloponnèse, étaient les Olympiades. plus célèbres de tous. Les olympiades qui étaient de quatre années, d'une de ces fêtes à l'autre, servirent de date pour les faits. La première commence en 776 avant J. C. Il y en avait eu d'antérieures, mais qui ne sont point connues dans l'histoire.

CHAPITRE II.

De Sparte et des Lois de Lycurgue.

Une révolution presque générale avait changé l'état de la Grèce. Naturellement inquiets et jaloux de la liberté, les Grecs s'affranchirent de la domination de leurs princes, qui sans doute les gouvernaient mal. Presque tous ces petits royaumes devinrent des républiques. La licence y régna long-temps, mais il ne fallait que de bonnes lois pour y faire briller la vertu et l'héroïsme.

Sparte, dans le Péloponnèse, nommée aussi Lacédémone, en donna le premier exemple. Elle conservait ses rois, descendans d'Hercule, parce qu'elle respectait leur origine. Depuis environ neuf cens ans, deux princes de la race des Héraclides occupaient conjointement le trône. Ce partage de royauté perpétuait les dissentions. Un grand législateur pouvait seul les terminer.

On le trouva dans Lycurgue, fils du roi Eunome, qui avait été tué dans une émeute. Son frère aîné, successeur de ce roi, mourut sans enfans, et laissa une femme enceinte. Lycurgue lui aurait succédé pour toujours, s'il eût été capable d'un crime. Sa belle-sœur lui offrit de faire périr son fruit, à condition qu'il l'épouserait. Indigné de cette offre, il dissimula, et gagna du temps jusqu'aux couches de la reine. Elle accoucha d'un fils, dont il prit le plus grand soin. Après avoir

gouverné quelque temps comme son tuteur,
exposé à d'injustes soupçons, il alla en Grèce,
en Ionie, peut-être même en Egypte, pour
étudier les mœurs et les lois de ces pays.
On ne pouvait guère s'instruire alors que
par les voyages.

Comme les désordres se multipliaient en
l'absence de Lycurgue, on le pressa de venir
y remédier. Il revint ; et pour couper la racine
du mal, il conçut le projet hardi de refondre
le gouvernement. Il se crut inspiré, ou
plutôt le fit accroire. L'oracle de Delphes
l'ayant annoncé comme le plus grand des
législateurs, les esprits étaient disposés à une
entière obéissance. Cependant il ne négligea
pas les moyens qui forcent à se soumettre.

Les principaux Spartiates, approuvant ses
projets de réforme, prirent les armes au moment de l'exécution, et personne n'osa résister.
La royauté subsista, mais avec peu de pouvoir. Un sénat fut établi pour examiner et
proposer les affaires. Le peuple assemblé
devait approuver ou rejeter les propositions
du sénat. Les sénateurs, au nombre de vingt-
huit, étant perpétuels, avaient beaucoup
d'autorité. Ils balançaient le pouvoir des deux
rois et celui du peuple.

Pour les contenir eux-mêmes dans de justes
bornes, on établit cinq magistrats annuels
au choix du peuple, et on leur donna le
droit de casser, d'emprisonner, de punir
même de mort les membres du sénat. Leur
juridiction s'étendit même sur les rois. Ces
magistrats redoutables se nommaient Epho-

res. Quelques Ecrivains attribuent leur établissement à Lycurgue. D'autres avec plus de vraisemblance, le croient postérieur d'environ cent trente années.

Le chef-d'œuvre de Lycurgue fut de cimenter les lois par les mœurs. Il voulait faire de Sparte comme une seule famille, où tous les citoyens travaillassent de concert au bien public, et fussent tout entiers à la patrie. Pour cela, il fallait bannir la pauvreté et les richesses ; car l'inégalité qu'elles mettent entre les hommes, est une source de discorde ainsi que de corruption. Il fit donc un partage égal des terres ; il proscrivit l'or et l'argent, tout art de luxe, tout ce qui n'est pas absolument nécessaire à la vie ; une monnaie de fer extrêmement lourde, fut la seule monnaie reçue. Les richesses devenant impossibles, la cupidité s'éteignit. *Réforme des mœurs.*

Tous les citoyens, même les rois, mangèrent à des tables publiques, dont l'extrême frugalité n'excluait pas les vrais plaisirs de la nature. On s'y entretenait agréablement de choses utiles, on y employait une raillerie fine et honnête, pour corriger les défauts ; on passait de là aux conversations les plus sérieuses, aux exercices militaires, à des jeux qui fortifiaient le corps et nourrissaient l'amour de la gloire. *Repas.*

De tels établissemens auraient été chimériques dans un état considérable, ou dans un siècle de mollesse. Mais on ne comptait que trente-neuf mille citoyens, neuf mille à Sparte, le reste à la campagne ; et l'antique *Possibilité de cette réforme.*

simplicité des mœurs subsistait encore.

Éducation des enfans. C'est par l'éducation sur-tout que le législateur fit des héros. Les enfans étaient élevés pour la république. Dès le berceau, on les rendait robustes et courageux. Les nourrices ne les garrottaient pas de langes; elles les accoutumaient à ne rien craindre dans les ténèbres, et à ne se plaindre que par nécessité. A l'âge de sept ans, des maîtres publics les exerçaient au travail, à la patience, à la fatigue, à l'obéissance la plus prompte, et les formaient tous aux mêmes habitudes, parce qu'ils étaient nés pour remplir les mêmes devoirs. Ceux qui se distinguaient davantage commandaient aux autres, mais sous les yeux des vieillards, toujours prêts à les reprendre et à les corriger.

Comment on leur apprenait à raisonner et à s'exprimer. On admettait les enfans aux repas communs, pour qu'ils profitassent des discours que l'on y tenait. On les interrogeait souvent sur les choses les plus importantes : *Que pensez-vous de cette action ? Que pensez-vous de cet homme ?* On exigeait qu'ils répondissent promptement, en peu de mots, et d'une manière judicieuse. Par-là ils contractaient l'abitude du *laconisme*, c'est-à-dire, d'un langage précis et nerveux, plein de raison et de noblesse. Si on les obligeait

Pourquoi on leur fesait dérober leur nourriture. à dérober leur nourriture. Si on les châtiait sévèrement lorsqu'ils se laissaient surprendre, c'était pour les accoutumer aux ruses de guerre, à la vigilance et aux périls. L'idée du vol n'entrait point dans cette coutume, puisqu'elle était autorisée par les lois.

Toute

Toute science purement spéculative, ainsi que tout art de luxe, était interdit aux Spartiates. Ils aimèrent cependant la poésie, mais comme un moyen d'échauffer l'ame et de l'exciter aux actions héroïques. Voici une de leurs chansons, traduite par Amiot, précepteur de Charles IX.

Poésie à Sparte.

CHOEUR DES VIEILLARDS.

Nous avons été jadis
Jeunes, vaillans et hardis.

CHOEUR DES JEUNES GENS.

Nous le sommes maintenant
A l'épreuve à tout venant.

CHOEUR DES ENFANS.

Et nous un jour le serons,
Qui tous vous surpasserons.

Lycurgue étendit ses vues sur l'éducation des femmes, dont les mœurs ont tant d'influence sur celles des hommes. Il fit en sorte qu'elles acquissent des vertus mâles, avec une force de corps qu'elles pussent transmettre à leurs enfans. Il les assujettit en partie aux exercices violens pratiqués à Sparte. Les filles s'exerçaient à la lute dans les jeux. Les femmes furent long-temps des prodiges de vertu ; aussi étaient-elles infiniment respectées des hommes. L'empire qu'elles avaient sur eux, ne tendait qu'à inspirer l'héroïsme. Une mère dit à son fils, pour le consoler d'une blessure qui le rendait boîteux ; *Va, mon fils, tu ne peux plus faire un pas qui ne te fasse souvenir de ta valeur.* Des lois sévères

Education des femmes.

Respect pour elles.

D

modéraient le commerce des deux sexes. Loin d'amollir et de corrompre, l'amour ne devait être qu'un encouragement aux devoirs les plus pénibles.

Mépris du célibat.

On méprisait le célibat, parce qu'on sentait le besoin de multiplier les citoyens. Un jeune homme, dédaignant de se lever devant un illustre capitaine célibataire, lui dit pour raison : *Tu n'as point d'enfans qui puissent un jour me rendre cet honneur, et se lever devant moi.*

Vues de Lycurgue par rapport à la guerre.

Enfin, le grand objet de Lycurgue fut de faire de ces Spartiates autant de guerriers invincibles. Il voulut qu'ils vécussent toujours comme dans un camp ; que la guerre devînt pour eux en quelque manière un temps de repos, qu'ils marchassent gaiement au combat, et s'imaginassent avoir un Dieu à leur tête. Ce courage pouvait les rendre ambitieux. Il le prévit ; il tâcha de prévenir ce malheur. Persuadé qu'ils ne seraient heureux qu'en se contentant de leur liberté, de leur pauvreté, il ordonna qu'on ne ferait la guerre que pour se défendre ; qu'on ne poursuivrait point l'ennemi vaincu ; qu'on n'enleverait point ses dépouilles, qu'on n'aurait point de flotte, afin de ne pas être tenté de courir la mer.

Effets de ses règlemens.

Malgré de si sages règlemens, Sparte ne put se garantir de l'ambition. Mais elle conserva plusieurs siècles son gouvernement avec ses mœurs ; ce qui est un véritable prodige dans l'histoire. Encore plus estimée que redoutée de ses voisins, elle fut l'arbitre de la Grèce tant qu'elle mérita de l'être. On peut juger des sentimens de ses citoyens, en général, par le trait d'un certain Pédarète, homme de mérite. Il n'avait pas été admis dans le conseil, composé de trois cens membres. Loin de s'en plaindre, il témoigna sa joie de ce que *Sparte avait trouvé trois cens citoyens meilleurs que lui.*

Les vertus des Spartiates avaient un mélange d'atrocité. Ils fesaient périr les enfans infirmes, dont ils n'espéraient pas de tirer un jour les services ordinaires. Pour accoutumer les autres à la douleur, ils les déchiraient de coups de verges sur l'autel de Diane, quelquefois jusqu'à la mort. Ils traitaient les Ilotes, ou Hélotes, leurs esclaves, de la manière la plus révoltante pour la nature. En un mot, ils ne connurent point cette modération qui caractérise la vrai sagesse, et en méritant d'être admirés à certains égards, ils méritèrent souvent d'être haïs.

(en marge : Caractère de la vertu des Spartiates.*)*

Moins superstitieux que les autres Grecs, ils avaient un culte conforme à leur gouvernement. Les statues de leurs divinités, même de Vénus, étaient couvertes d'une armure, pour qu'elles inspirassent le courage militaire. Les sacrifices et les offrandes étaient de peu de valeur, pour éviter en tout les dépenses inutiles. On ne fesait que de prières fort courtes, et l'on priait seulement les dieux d'être favorables aux gens de bien. La simplicité des funérailles contribuait à faire mépriser la mort.

(en marge : Leur culte.*)*

Pourquoi donc y avait-il un temple consacré à la crainte ? C'est que les Spartiates

(en marge : Temple à la crainte.*)*

regardaient la crainte comme nécessaire dans le gouvernement politique. *Les plus timides à l'égard des lois*, dit Plutarque, *sont les plus courageux contre les ennemis ; et ceux-là craignent le moins de souffrir, qui craignent le plus d'être blâmés.* Telle fut cette fameuse législation, établie par Lycurgue environ 900 ans avant J. C. La durée de son ouvrage prouve qu'il lui avait donné de solides fondemens. L'amour de la gloire et de la patrie, le courage héroïque, l'obéissance aux lois, de grandes vertus enfin distinguaient les Spartiates. L'histoire est pleine de traits sublimes de leur caractère.

Fin de Lycurgue. Lycurgue pensa aux moyens d'affermir ses lois. Pour les rendre inviolables, il alla, dit-on, consulter l'oracle de Delphes, après en avoir fait jurer l'observation jusqu'à son retour : l'oracle ayant déclaré que Sparte, en les observant, deviendrait la plus illustre ville du monde, il se laissa mourir de faim ; ainsi les Spartiates demeurèrent liés par leur serment. C'est un exemple du merveilleux, que les anciens ont trop mêlé à l'histoire, et que les modernes ont trop souvent copié.

Guerre de Sparte avec les Messéniens. Environ 200 ans après Lycurgue, il y eut deux guerres cruelles entre les Spartiates et les Messéniens. Ceux-là furent plus d'une fois vaincus, mais finirent par réduire leurs ennemis en servitude. Selon les anciens, l'oracle leur avait ordonné, après une défaite, de faire venir d'Athènes un général : les Athéniens leur envoyèrent, comme par insulte, le poète Tyrtée, boiteux, méprisé dans sa patrie, et ce ridicule général leur procura la victoire en les remplissant d'enthousiasme. Ce qui mérite davantage d'être observé, c'est que Lacédémone perdait déjà cette modération, dont Lycurgue avait voulu faire une de ses vertus.

CHAPITRE III.

D'Athènes et des Lois de Solon.

L'ATTIQUE, pays des Athéniens, était une contrée stérile qui ne pouvait devenir florissante que par le génie de ses habitans. L'olivier, sa principale ressource, passa pour un don précieux de Minerve. Elle fut long-temps divisée en douze bourgades indépendantes. Vers le temps de la guerre de Troye, Thésée les réunit en corps de peuple, et forma une espèce de république dont la capitale était Athènes. Il distribua les citoyens en trois classes, nobles, laboureurs et artisans. Les premiers possédant toutes les dignités, avaient le plus de pouvoir, quoique moins nombreux.

Idée de l'Attique.

Après la mort du roi Codrus, vers l'an 1095 avant Jésus-Christ, une querelle entre ses deux fils décida les Athéniens à s'affranchir de la royauté. On déclara Jupiter seul roi d'Athènes. On confia le gouvernement à des magistrats nommés Archontes. Pendant trois siècles, cette magistrature fut perpetuelle et héréditaire, par conséquent peu différente de la puissance royale. On en

Abolition de la royauté.

réduisit la durée, d'abord à dix ans, ensuite à un ; et l'on créa neuf Archontes, afin que l'autorité, partagée entre plusieurs, fût moins redoutable.

Premier législateur et effet de ses lois. Athènes manquait de lois écrites : on en sentait le besoin ; on choisit pour législateur Dracon, homme vertueux, mais trop sévère. Il ordonna des peines capitales pour tous les délits sans exception. Ses lois sanguinaires, que cet excès de rigueur rendait impraticables et funestes, tombèrent bientôt d'elles-mêmes.

Division du gouvernement. Alors les Athéniens se livrent plus que jamais à la licence. Tous veulent changer la forme du gouvernement au gré de leurs différens intérêts. Les pauvres demandent une *démocratie*, où la multitude gouverne ; les riches, une *aristocratie*, où quelques principaux citoyens soient les chefs de l'état ; les plus sages, un gouvernement mixte, où les pouvoirs soient balancés. Le mérite de Solon attirant une confiance générale, on s'adresse à lui pour régler la république.

Solon. Distingué par sa naissance, il l'était davantage par ses lumières et ses vertus. L'étude et les voyages l'avaient rendu un des hommes les plus habiles de son siècle. Il joignait à des mœurs douces le zèle du bien public, et un désintéressement qui lui fit refuser la couronne. Ses lois furent cependant imparfaites, parce que les Athéniens, disait-il, ne pouvaient en recevoir de meilleures.

Pouvoir du peuple et du Sénat. Le peuple eut le pouvoir suprême ; les principaux citoyens furent mis en possession des magistratures. Mais la nouvelle constitution ne laissa point au magistrat une autorité suffisante pour soutenir le peuple. Dans les assemblées publiques, où les grandes affaires se décidaient, où l'on appelait même des jugemens du sénat, chaque Athénien eut droit de suffrages. Ainsi une populace aveugle pouvait décider de tout par la pluralité des voix.

Le sénat, composé de quatre cens personnes, qu'on augmenta dans la suite de deux cens, était trop nombreux pour délibérer avec sagesse ; il avait aussi trop peu d'ascendant sur la multitude. Les assemblées ordinaires du peuple se tenaient presque tous les huit jours. Chaque citoyen, âgé de cinquante ans, pouvait y haranguer. Les talens d'un orateur séditieux et corrompu pouvaient donc y triompher aisément de la prudence des sénateurs. *J'admire*, disait le Scythe Anacharsis à Solon, *que chez vous les sages aient seulement le droit de délibérer, et que celui de décider appartienne aux fous.* Ce fut, en effet, une source de malheurs ; mais Solon avait été contraint par les circonstances de ménager tous les partis. *[Inconvéniens du nouveau gouvernement.]*

Il rétablit du moins l'autorité de l'aréopage, fort déchue depuis Dracon, et il le composa uniquement d'anciens Archontes. Ce tribunal eut l'inspection sur les affaires publiques et sur l'éducation de la jeunesse ; car on sentait alors que la prospérité d'un état dépend beaucoup de la manière dont la jeunesse est élevée. *[Rétablissement de l'aréopage.]*

Solon fit plusieurs lois particulières, qu'il importe de connaître. Tout homme convaincu d'oisiveté, devait être noté d'infamie après la troisième accusation. Un fils dissipateur, ou qui refusait la subsistance à ses parens, était sujet à la même peine ; mais si le père ne lui avait point fait apprendre de métier, le fils était dispensé de cette loi. Une femme ne devait porter à son mari que trois robes et des meubles de peu de valeur, de peur que les dots n'appauvrissent les familles. Un citoyen qui fréquentait des femmes de mauvaise vie, était exclu de la tribune aux harangues, comme indigne de la confiance publique. Il y avait peine de mort pour un Archonte coupable d'ivresse.

On défendit les emprisonnemens pour dettes. On permit de disposer par testament de ses biens au défaut d'enfans. On ordonna que les enfans, dont les pères auraient péri dans les combats, seraient élevés aux frais de la république. On régla que dans les émeutes ou factions violentes, chaque citoyen serait obligé de prendre parti, afin que les plus sages rétablissent le calme et le bon ordre. On mit des bornes à la dépense des femmes, et à celle des funérailles et des cérémonies religieuses.

Les étrangers furent admis dans Athènes, mais exclus du gouvernement. Ce qu'on appelait *ostracisme*, fut un frein à l'ambition des citoyens. Ceux qui devenaient suspects par trop de crédit ou de puissance, s'il y avait mille suffrages contr'eux dans l'assemblée du peuple, étaient bannis pour dix ans, mais sans aucune flétrissure. Nous verrons les plus illustres personnages subir cette peine.

Avec beaucoup d'esprit, les Athéniens avaient un fonds de légéreté et d'inquiétude, également propre à leur faire commettre des fautes énormes, et à leur faire oublier des services essentiels. Quand le mérite blessait leurs yeux, ils l'éloignaient par l'ostracisme. Ils le regrettaient ensuite, le rappelaient, l'employaient, et recommençaient leurs injustices à la première occasion. *Caractère des Athéniens.*

C'est l'an 594 avant Jésus-Christ que Solon devint le législateur d'Athènes. Il éprouva lui-même la difficulté de soumettre aux lois ce peuple volage. On lui demandait sans cesse des changemens à ce qu'il venait d'établir. Il se dégoûta ; il voulut se retirer ; on lui permit de s'absenter pour dix ans. *Solon, législateur d'Athènes*

Son absence fit éclore le germe d'une révolution. Pisistrate, son parent, riche, généreux, populaire, possédant l'art d'éblouir et de tromper, aspirait secrètement au pouvoir suprême. L'ambition ne rougit point de la fourberie. Un jour il se blessa de sa propre main, se montra en public couvert de sang, réclama la protection du peuple, se disant assassiné par les ennemis du peuple même. Il obtint une garde pour la sûreté de sa personne : il s'en servit pour s'emparer de la citadelle et pour établir sa domination. *Effets de son absence.*

Le législateur, qui était revenu de ses voyages, s'efforça en vain de ranimer l'amour *Son retour.*

Pisistrate. de la liberté. Pisistrate lui demandant ce qui le rendait audacieux, il répondit, *ma vieillesse*. L'étude fut jusqu'au tombeau sa plus douce consolation. *Je vieillis*, disait-il, *en apprenant toujours des choses*. Il mourut dans un âge très-avancé.

Comment il affermit son pouvoir. Un usurpateur de la souveraineté ne pouvait se maintenir que très-difficilement dans une ville aussi turbulente qu'Athènes. Pisistrate fut contraint deux fois de s'enfuir. Il recouvra sa puissance par son adresse, et il sut la conserver par sa politique. En fixant les habitans de la campagne à la culture des terres, il les tint éloignés des cabales. Ces hommes inquiets devinrent moins attentifs au gouvernement qu'au produit de leurs travaux : les terres incultes furent défrichées ; le cultivateur en paya le dixième pour les besoins de l'état ; mais la tranquillité dont il jouit le consola de l'impôt.

Excite le goût des arts et des lettres. En même temps Pisistrate excitait le goût des arts et des lettres. Il fit connaître aux Athéniens les poésies d'Homère ; il leur forma une bibliothèque ; il éleva de superbes édifices. Des nouveautés si intéressantes fixèrent les esprits, adoucirent les ames, et rendirent le joug presque insensible, peut-être même agréable.

Ce qui arriva après sa mort. Peu de rois ont mieux connu que Pisistrate le secret de gouverner un peuple indocile. Ses deux fils, Hipparque et Hippias, qui partagèrent l'autorité après sa mort, étaient dignes de le remplacer. Mais le premier fut victime de l'inimitié de deux ci-

toyens. Aristogiton et Harmodius l'assassi-
nèrent. Le second , irrité par ce meurtre ,
devint cruel , et se rendit odieux. On le
chassa comme un tyran ; on rétablit le gouvernement populaire ; on ne respira plus que
la liberté.

Quelques traits frappans contribuèrent
beaucoup à enflammer l'enthousiasme. Aristogiton, mis à la torture par ordre d'Hippias,
nomma pour ses complices plusieurs amis
du tyran , qui aussitôt les fit mourir. *Je ne
connais plus que toi de digne de mort* , dit-il
ensuite au tyran. Une femme nommée Léæna
subit de même la question , et se coupa la
langue avec les dents , de peur que la douleur
ne lui arrachât quelque aveu.

Sparte, qui avait d'abord secouru les Athéniens, prit les armes en faveur d'Hippias.
Elle commençait à être jalouse de leur puissance : elle craignait qu'ils ne lui disputassent
un jour la supériorité dont elle jouissait dans
la Grèce, et l'ambition de dominer la rendait
injuste. Voici le temps où ces deux petites
républiques vont acquérir une célébrité prodigieuse. Si elles différaient trop de caractère
et de mœurs pour être sincèrement unies ,
elles avaient l'une et l'autre de quoi fixer
l'admiration par de grandes choses.

Sparte , avec ses vertus rigides , dévouée
uniquement à la guerre , semblait avoir autant de héros que de citoyens : elle ne permettait d'autre occupation que les armes et
les affaires publiques : ses magistrats et ses
généraux n'avaient qu'à commander pour être

obéis : enfin ses lois, ses principes de gouvernement demeuraient invariables au sein de la pauvreté. Au contraire, Athènes excitait l'industrie, le commerce, les talens : elle devenait riche, prenait le goût des plaisirs, se laissait entraîner souvent par le caprice et la passion. Mais ses citoyens aimaient la gloire et la patrie : quoique libres dans leurs occupations particulières, ils devaient tous être soldats dans les besoins de la république : ils étaient braves autant que spirituels ; ils pouvaient se faire craindre aussi-bien que se faire aimer. Tels furent les Spartiates et les Athéniens qui ont immortalisé la Grèce. Si les premiers avaient eu de la modération, si les autres n'avaient pas eu trop de licence, ils auraient dû servir de modèle à tous les peuples.

CHAPITRE IV.

Les Perses attaquent la Grèce, et sont vaincus par Miltiade.

Occasion de la guerre des Perses.

DARIUS, fils d'Hystaspe, possédait le vaste empire fondé par Cyrus. Il voulut l'étendre jusqu'en Europe, et se venger d'Athènes, qui avait envoyé du secours aux Ioniens soulevés contre lui. Cette colonie grecque de l'Asie mineure s'était adressée inutilement aux Spartiates. Un motif particulier intéressait les Athéniens en sa faveur. Le roi de Perse ayant reçu Hippias, et projettant de le le rétablir, leur paraissait un ennemi d'autant plus digne de leur haine, qu'ils se livraient à tout l'enthousiasme de la liberté. Cependant l'Ionie fut bientôt réduite à l'obéissance.

A peine Darius l'eut-il soumise, qu'il envoya en Grèce demander *la terre et l'eau*, c'est-à-dire, qu'on le reconnût pour maître. Sparte présidait aux affaires publiques de la Grèce. Indignée d'une telle proposition, elle fit mourir deux des hérauts, ou ambassadeurs de ce redoutable monarque. Elle fit enlever, comme traîtres à la patrie, les principaux citoyens d'Egine, ville située dans une île près d'Athènes, parce qu'ils avaient cru devoir céder à la force.

La plupart des autres villes, saisies de frayeur, se soumirent à Darius. Tout semblait annoncer l'asservissement de la Grèce. Mais des hommes libres, combattant pour leurs foyers, ont dans leur courage de grandes ressources contre des armées d'esclaves.

Plus de cent mille Perses passent la mer, et viennent fondre sur l'Attique. Les Athéniens réclament le secours des Spartiates. On leur répond qu'une coutume religieuse empêche de se mettre en campagne avant la pleine lune; qu'il faut attendre quelques jours, après quoi on ira les secourir. Les autres peuples n'osent remuer, excepté les Platéens qui envoient mille soldats. Athènes arme ses esclaves dans un péril si pressant. Comme elle les traitait humainement, elle pouvait compter sur eux; au lieu que Sparte ne voyait dans les siens que des ennemis.

E

L'armée Athénienne fut seulement de dix mille hommes. Le nombre des généraux était un mal plus dangereux que le manque de troupes. Il y en avait dix, qui devaient commander alternativement chacun son jour. La jalousie du commandement, la contrariété d'opinion pouvaient tout perdre.

Ces généraux délibèrent si l'on attaquera l'ennemi, ou si on l'attendra dans la ville. L'attendre paraissait le plus sûr. Miltiade, contre l'avis commun, soutient qu'il vaut mieux l'attaquer, et qu'un coup de vigueur inattendu pourra donner la victoire. Aristide fait prévaloir cet avis. Il fait plus encore : comme l'exécution demande un seul chef, il renonce à son jour de commandement en faveur de Miltiade. Tous les autres suivent un exemple si généreux et si utile. On marche au-devant de l'ennemi. Le général se poste avantageusement, supplée au nombre par la science militaire comme par la valeur, et remporte une victoire complète à Marathon l'an 490 avant Jésus-Christ.

Quoique les Spartiates eussent fait une marche forcée de trois jours, ils n'arrivèrent que le lendemain de la bataille. Ils durent sentir combien la coutume superstitieuse qui les avait retardés était contraire à la raison, puisqu'elle pouvait nuire infiniment aux affaires.

Les Perses apprirent de leur côté de quoi l'héroïsme est capable, quand il est dirigé par de bons conseils. Ils s'enfuirent avec précipitation devant ces Athéniens qu'ils avaient ordre d'emmener chargés de chaînes. Ceux-ci leur prirent ou brûlèrent plusieurs vaisseaux. Le brave Cynégire eut la main droite coupée, ensuite la gauche, tandis qu'il s'efforçait d'en retenir un sur le rivage. Il s'y attacha avec les dents, et reçut le coup mortel.

La gloire devait être la récompense des sauveurs de la patrie. On érigea des monumens aux morts ; on peignit la bataille de Marathon ; et l'unique faveur accordée à Miltiade, fut de le représenter à la tête des combattans. *Récompense des vainqueurs et celle de Miltiade.*

Il éprouva bientôt l'ingratitude des Athéniens, à qui le moindre soupçon faisait oublier les plus grands services. Il leur avait demandé une flotte pour punir les insulaires dont la fidélité s'était démentie. N'ayant pu réussir à Paros, il revint blessé après un long siége. On l'accusa ; on le condamna à une amende égale aux frais de la flotte. Il mourut en prison faute de pouvoir payer cette somme. Son fils Cimon, pour lui rendre les derniers devoirs, la paya par le moyen de ses amis. Cependant que serait devenue Athènes sans Miltiade ? *Sa fin.*

CHAPITRE V.

Aristide et Thémistocle. La Grèce envahie par Xerxès.

Après Miltiade, deux grands hommes eurent la principale influence dans le gouvernement. Le premier était Aristide, d'une *Aristide.*

E 2

probité irréprochable, ennemi de toute injustice; en un mot, si parfaitement vertueux, qu'on lui fit en plein théâtre l'application de ce vers d'Eschyle : *Il veut être juste, et non le paraître.* Le second était Thémistocle, qui joignait beaucoup d'ambition à beaucoup de talens, plein de feu et d'audace, nullement scrupuleux sur les moyens de parvenir, capable enfin d'être le défenseur et l'oppresseur de sa patrie.

Comme les factions se disputaient sans cesse l'autorité, Aristide penchait du côté des principaux citoyens, parce qu'ils étaient les plus sages. Thémistocle se déclarait au contraire pour le peuple, dont il captait la bienveillance en le flattant. Mais ne pouvant devenir le maître sans écarter un rival si respectable, il employa son adresse à le rendre suspect. On demanda l'ostracisme contre Aristide.

Dans l'assemblée générale, un paysan qui ne le connaissait point, et qui ne savait pas écrire, s'adressa à lui-même pour le prier d'écrire le nom d'Aristide : car les suffrages se donnaient par écrit sur une coquille. *Quel tort vous a fait cet homme*, lui dit le vertueux citoyen ? *Aucun*, répond le paysan ; *mais je suis las de l'entendre appeler par-tout le juste.* Aristide écrit son nom. Condamné à l'exil, il prie les dieux *de ne pas permettre qu'Athènes ait sujet de le regretter.* Pouvait-on ne pas regretter un tel personnage ?

Thémistocle effaça du moins la honte de son injustice par de grandes vues et de grandes actions. Il prévoyait les périls dont on était menacé ; il jugeait que la principale ressource d'Athènes devait être dans la marine, fort négligée jusqu'alors ; il persuada aux Athéniens d'y consacrer leurs mines d'argent, dont ils partageaient entr'eux le revenu. On en construisit cent galères, qui devinrent le rempart de la république.

Darius se préparait à une seconde expédition ; sa mort l'empêcha de l'exécuter. Mais Xerxès, son fils et son successeur, aussi violent qu'orgueilleux, suivit ses projets de vengeance avec toute la fougue imaginable. Selon l'historien grec Hérodote, l'armée des Perses montait à plusieurs millions d'hommes ; le monarque fit donner des coups de fouet à la mer, parce qu'un pont de bateaux, sur lequel les troupes devaient passer l'Hellespont, avait été rompu par une tempête ; il condamna au supplice tous les entrepreneurs de cet ouvrage ; il fit percer le mont Athos pour ouvrir un passage à sa flotte. De tels récits sont presqu'autant de mensonges, et nous apprennent seulement à nous défier des historiens crédules ou épris du merveilleux. On reproche, avec raison aux Grecs, d'avoir menti par vanité ; c'est un défaut commun à presque tous les anciens peuples.

Il y avait à la cour de Perse un roi de Sparte exilé, qui se nommait Démarate. Xerxès lui demandant si les Grecs oseraient bien se défendre, il répondit au sujet des Spartiates en particulier : *Ils sont libres, mais dominés*

par la loi, et cette loi leur ordonne de vain-
cre ou de mourir.

Préparatifs contre les Perses.

Sparte et Athènes reçurent de Démarate la nouvelle des préparatifs du roi de Perse. Aussitôt elles invitent la nation à prendre les armes. Soit crainte ou jalousie, la plupart des alliés se détachent de la confédération. Cependant on se prépare courageusement à la guerre. Les Athéniens élisent Thémistocle

Thémistocle élu général.

pour général. Après la bataille de Marathon, frappé de la gloire de Miltiade, il était devenu inquiet, rêveur, jusqu'à en perdre le sommeil. Ses amis lui demandant pourquoi : *Ah! dit-il, les trophées de Miltiade ne me laissent point de repos.*

Sa conduite.

Il avait écarté par des largesses un indigne compétiteur qui lui disputait cet emploi. Le bien public exigeait qu'on l'en revêtît ; et il prouva qu'un véritable zèle l'animait alors, en demandant le rappel d'Aristide son rival, dont les services devenaient nécessaires dans le péril. Les Spartiates prétendaient au commandement de la flotte, quoique Athènes en eût équipé les deux tiers. Les alliés favorisèrent leur prétention, et le choix tomba sur Eurybiade, qui ne le méritait point. Thémistocle, pour éviter une rupture, consentit à tout ; mais il annonça aux Athéniens qu'on leur céderait bientôt l'honneur du commandement, pourvu qu'ils fissent leur devoir.

Avant J. C. 480.

Xerxès arrive enfin aux Thermopyles, défilé fort étroit par où il devait passer. Léonidas, roi de Sparte, l'y attendait avec quatre mille hommes. Ce héros sommé de livrer ses armes, répond, *viens les prendre.* Les Perses l'attaquent, et sont repoussés. Malheureusement ils découvrent un sentier pour gagner la hauteur sans être aperçus. Ce poste ne pouvait plus se défendre. Mais Léonidas se croit obligé de s'y dévouer à une mort certaine. N'ayant que trois cens Spartiates, ayant renvoyé les autres Grecs, il affronte les ennemis, il en fait un grand carnage. Accablé par le nombre, il meurt avec ses soldats, excepté un seul, qui porta la nouvelle de l'action.

Combat aux Thermopyles.

Le fugitif fut traité à Sparte comme un lâche déserteur; jusqu'à ce qu'il eût effacé sa honte par de nouvelles preuves de bravoure. On mit dans la suite aux Thermopyles cette inscription admirable par sa simplicité : *Passant, va dire à Lacédémone que nous sommes morts ici pour obéir à ses lois.*

Réception de celui qui apporta la nouvelle du combat.

Xerxès n'avait forcé le passage qu'avec perte de vingt mille hommes. Plus furieux que jamais, il avance, mettant tout à feu et à sang. Il s'informe de ce que font les Grecs; il les croit dans la consternation, dans le désespoir. On lui apprend qu'ils sont aux jeux olympiques, où une couronne d'olivier excitait la plus vive émulation. *Quels hommes !* s'écrie un grand de sa suite; *quels hommes, qui ne combattent que pour l'honneur !*

Conduite de Xerxès en entrant dans la Grèce.

Cependant Athènes était sur le penchant de sa ruine. Les peuples du Péloponnèse l'abandonnaient pour se retrancher à l'isthme

État d'Athènes.

de Corinthe. Un oracle avait déclaré qu'elle ne trouverait son salut que dans les murailles de bois. Thémistocle avait probablement inspiré l'oracle, et il en profita pour faire prendre aux Athéniens une résolution aussi affligeante que nécessaire.

Comme ils ne pouvaient résister à une armée innombrable, il leur persuada que leurs vaisseaux étaient ces murailles de bois où ils trouveraient leur salut ; que ce devait être leur asile ; que les dieux même leur ordonnaient de s'y embarquer. La religion les attachait à leurs foyers, à leurs tombeaux et à leurs temples. Thémistocle n'aurait pu les en détacher, sans le motif de religion qu'il employa. On mit Athènes sous la sauve-garde de Minerve ; on ordonna que tous les citoyens, capables de service, monteraient sur les vaisseaux, et que chacun prendrait des mesures pour la sûreté de sa famille. La ville de Trézène reçut généreusement la plu-part des femmes, des enfans, des vieillards. Quelques-uns s'obstinèrent à ne point partir ; ils s'enfermèrent dans la citadelle, et s'y défendirent jusqu'à la mort. Xerxès brûla cette forteresse, goûtant les plaisirs de la ven-geance qu'une prompte révolution devait changer pour lui en amertume.

CHAPITRE VI.

Les Perses vaincus par-tout, et chassés de la Grèce.

IL y avait eu un combat naval près d'Artémisium, promontoire de l'isle d'Eubée, le jour même du combat des Thermopyles. Sans remporter une victoire décisive, les Grecs y avaient appris qu'ils pouvaient vaincre, et que la manœuvre et le courage suppléaient aux forces. Ils le prouvèrent bientôt dans une journée plus mémorable.

Leur flotte était rassemblée dans le détroit de Salamine. Eurybiade qui la commandait en chef, était un Spartiate peu habile. Il voulait absolument gagner le golfe de Corinthe, pour être à portée de défendre le Péloponnèse. Thémistocle soutint qu'il fallait rester dans le détroit, parce que la flotte ennemie, beaucoup plus nombreuse, ne pouvait y manœuvrer librement. La dispute s'échauffe. Eurybiade s'emporte jusqu'à lever le bâton sur Thémistocle : *Frappe, mais écoute,* lui dit l'Athénien. Ce mot généreux le pénètre de respect, et il se laisse gouverner par un homme si supérieur. Que serait-on devenu, si le faux honneur avait exigé une funeste vengeance ? Il y avait bien plus de gloire à se venger par la raison et par les services.

Piége tendu aux Perses par Thémistocle. Pour attirer les Perses dans le piége, Thémistocle fit annoncer secrètement à Xerxès que les Grecs allaient s'éloigner de Salamine, et que s'il ne se hâtait pas de les attaquer, il perdrait l'occasion d'anéantir leur flotte. Aussitôt le roi ordonne de combattre. Aristide était venu joindre Thémistocle, lui avait offert de servir sous lui, et avait ainsi obtenu sa confiance. L'union de ces deux rivaux doit servir d'exemple à quiconque aime sa patrie.

Bataille de Salamine. Sans avoir le titre de général, Thémistocle en remplit les fonctions, et fit des prodiges à la bataille de Salamine. Il sut prendre l'avantage du vent ; il disposa la flotte de manière à ne pas craindre la supériorité du nombre. Les vaisseaux des Perses, lourds et embarrassés dans le détroit, ne purent tenir contre la manœuvre des Grecs. Ceux-ci, avec moins de quatre cens voiles, dissipèrent une armée navale, où l'on en comptait plus de deux mille. Tandis que Xerxès regardait d'une hauteur ce combat, où il aurait dû se trouver, Artémise, reine d'Halycarnasse, combattit sur sa flotte avec une valeur héroïque. Elle donna lieu de dire *que les femmes s'étaient montrées des hommes, et les hommes des femmes.*

Fuite de Xerxès. Le grand roi (ce titre fastueux augmentait sa honte) s'enfuit lâchement. Craignant qu'on ne rompît son pont de bateaux, parce que Thémistocle en avait répandu le bruit à dessein, il repassa la mer avec précipitation ; mais il laissa trois cent mille hommes à Mardonius pour finir la guerre.

Celui-ci s'efforce de mettre la division parmi les Grecs, et de gagner les Athéniens. Aristide, devenu premier archonte, répond à ses offres avec un noble dédain : il fait prononcer des anathèmes contre ceux qui proposeraient une alliance avec les Perses. Un citoyen ayant été d'avis d'écouter un second député de l'ennemi, fut lapidé sur-le-champ : les femmes lapidèrent même sa famille dans un excès de colère.

Mardonius marcha bientôt pour attaquer ceux qu'il ne pouvait corrompre. Les Athéniens abandonnèrent leur ville comme la première fois, et se retirèrent à Salamine. Les Spartiates ne venaient point à leur secours, aimant mieux défendre le Péloponnèse. C'était un juste sujet de plainte. Sparte le sentit : elle envoya cinq mille de ses citoyens suivis chacun de sept esclaves armés. Les forces des confédérés, après la jonction, furent au moins de soixante mille hommes, parmi lesquels huit mille Athéniens seulement. Ceux-ci devaient être les plus ardens au combat ; car Mardonius venait de détruire les restes d'Athènes.

La Béotie étant un pays de plaine, découvert, avantageux pour une grande armée, les Perses y allèrent attendre les Grecs. Un sage officier conseilla en vain à Mardonius de ne pas risquer la bataille. Cet imprudent général fut vaincu à Platée, et périt dans l'action. La plus grande partie de ses troupes fut taillée en pièces.

Pausanias, tuteur d'un jeune roi de Sparte,

commandait alors les Grecs. Quelques jours après la victoire, il fit préparer un festin avec tout le luxe asiatique, et un petit repas conforme aux mœurs de sa patrie. Faisant remarquer la différence à ses officiers : *Quelle folie, s'écria-t-il, pour ces Perses accoutumés à une vie si délicieuse, de venir attaquer des hommes qui savent se passer de tout.*

Réflexions sur les causes de l'avantage des Grecs.

La frugalité des Grecs, des Spartiates en particulier, leur donnait sans doute un avantage sur des ennemis efféminés. Mais ce fut peut-être la moindre cause de leurs succès. L'habitude des exercices militaires, la discipline, la valeur, la liberté, le noble désir de la gloire, l'habileté des généraux y contribuèrent encore plus. D'ailleurs ils combattaient chez eux : ils avaient le plus grand intérêt à se défendre, et leurs ennemis n'en avaient presque aucun à les subjuguer. Les Perses avaient été plusieurs fois vaincus en attaquant des barbares, comment ne l'auraient-ils pas été en attaquant ces braves républicains ? Ils furent encore défaits au combat naval de Mycale en Asie.

Conduite des Grecs comparée à celle de Xerxès.

Xerxès s'enfuit de Sardes où il était ; il donna ordre de brûler les temples des colonies grecques. Tout rendait ce prince méprisable, et même odieux. Tout annonçait au contraire la magnanimité de ses vainqueurs. Les Spartiates et les Athéniens se disputèrent, après la bataille de Platée, le prix de la bravoure qu'on devait décerner solennellement. Cette dispute était dangereuse : pour en en prévenir les suites, on décerna le prix aux Platéens ; Pausanias et Aristide, généraux de Sparte et d'Athènes, y consentirent par sagesse. Quant à Thémistocle, sa victoire de Salamine lui procura l'honneur de voir, dans les premiers jeux olympiques, tous les Grecs se lever en sa présence. Il avoua que cet honneur était au-dessus de tout ce qu'il pouvait désirer. La gloire suffit aux vrais héros.

CHAPITRE VII.

Rivalité de Sparte et d'Athènes. Administration d'Aristide.

Une funeste jalousie éclata parmi les Grecs, lorsqu'ils devaient sentir le mieux les avantages de leur union. Les Athéniens voulaient rebâtir et fortifier leur ville. Rien n'était plus juste, ni plus nécessaire. Mais Sparte, voyant d'un œil jaloux leur puissance maritime, et craignant qu'ils ne parvinssent au commandement, mit obstacle à ce dessein. Elle allégua de faux prétextes de bien public ; elle soutint qu'on ne devait point souffrir de place forte hors du Péloponnèse, de peur que les ennemis n'en fissent une place d'armes, en cas de nouvelle invasion.

Opposition de Sparte au rétablissement d'Athènes.

Thémistocle opposa la ruse à l'injustice. Il négociait avec les Spartiates. Pendant qu'il les amusait par des lenteurs et des paroles, on travaillait avec ardeur aux murs d'Athènes.

Ruse de Thémistocle.

F

Les Spartiates le surent et s'en plaignirent. Il nia le fait ; il demanda qu'on le fît vérifier sur les lieux ; en même temps il avertit secrètement les Athéniens de retenir pour ôtages les députés qu'on y enverrait. Quand la ville fut en état de défense, il leva le masque, et déclara qu'Athènes avait usé de ses droits ; qu'on ne pouvait la soupçonner de mauvais desseins après les services qu'elle avait rendus ; que Sparte ne devait point chercher à se maintenir par la faiblesse de ses alliés ; enfin, qu'il s'applaudissait d'avoir employé la ruse, et que tout était permis pour le bien de la patrie. Les Spartiates méritaient bien ce reproche ; ils dissimulèrent leur chagrin ; mais les cœurs étaient envenimés.

Sa politique. Le principe de Thémistocle, que *tout est permis pour le bien de la patrie*, conduirait à d'énormes injustices, si on en fesait de fausses applications. Ce grand génie en fournit la preuve. Il se proposait de rendre Athènes supérieure à toutes les républiques de la Grèce. Il fit pour cela d'excellentes choses, comme de construire le port de Pirée, de faire augmenter la flotte de vingt vaisseaux par an, d'attirer un grand nombre d'ouvriers et de matelots par des priviléges. Mais il imagina un autre moyen, indigne de la véritable politique, c'était de brûler la flotte des alliés, pour donner aux Athéniens l'empire de la mer. Il dit au peuple qu'il avait conçu un projet de la dernière importance, et que ne pouvant le divulguer, il demandait qu'on choisît quelque citoyen, avec lequel il pût conférer secrètement. On nomma aussitôt Aristide. Thémistocle lui communiqua son idée.

Le rapport d'Aristide fut dicté par la vertu : il déclara que le projet lui paraissait fort utile, mais en même temps fort injuste. Sur ce rapport, tous les suffrages se réunirent pour le rejeter. Qu'aurait-on gagné d'ailleurs par une injustice si révoltante ? Athènes aurait perdu sa gloire, aurait été en butte à la haine de la Grèce entière. Ce qui est injuste n'a jamais qu'une apparence d'utilité.

Par sa réputation seule, et par le mérite de quelques grands hommes, Athènes parvint au premier rang dont Sparte était si jalouse. Les Grecs avaient envoyé une flotte pour chasser les Perses des colonies où ils dominaient encore. Pausanias la commandait. Sa victoire de Platée l'avait rendu arrogant, et même voluptueux. Après avoir tant méprisé le luxe asiatique, il avait été corrompu par les dépouilles de Mardonius. Son faste et la dureté de son commandement, excitaient l'indignation des alliés. Aristide et Cimon, fils de Miltiade, généraux des Athéniens, s'attiraient au contraire l'estime, le respect et la confiance, par une conduite pleine de sagesse. Enfin on se mit sous la protection d'Athènes, on lui déféra le commandement.

Sparte eut assez de prudence ou de modération pour y renoncer. Elle rappela Pausanias, suspect d'intelligence avec les Perses. Il fut convaincu de trahison ; il se réfugia dans un temple. Les Ephores craignant de violer cet asile, en firent murer les portes, et il y mourut de faim.

Thémistocle condamné.

Thémistocle, déjà soumis à l'ostracisme, parce qu'il s'était rendu odieux par son orgueil, fut accusé d'être complice de Pausanias. On confisqua une partie des trésors qu'il avait amassés. Il erra en fugitif hors de la Grèce, après tant de belles actions.

Administration confiée à Aristide.

L'amour des richesses ternissait la gloire de Thémistocle. Un désintéressement parfait augmenta celle d'Aristide, et l'éleva au-dessus de tous les Grecs. Jusqu'alors la répartition des sommes que les alliés fournissaient pour la défense commune, avait excité beaucoup de murmures, parce qu'elle n'était pas réglée par la justice. Quand Athènes fut en possession du commandement, on résolut de mettre de l'ordre dans les finances, de fixer les taxes en proportion des revenus de chaque ville, et d'avoir un trésor où l'on pût puiser dans les besoins. Aristide fut chargé de l'exécution de ce plan. Il imposa les taxes, il mania les finances, en homme aussi éclairé qu'incorruptible. Chacun fut satisfait, tant on était sûr de son équité. Il soutint, avec quatre cent soixante talens, toutes les dépenses publiques. Le talent fesait environ quatre mille francs de notre monnaie.

Sa fin.

En disposant des revenus de la Grèce, Aristide conserva sa pauvreté. On voulut faire un crime à Callias, son parent, qui était fort riche, de le laisser dans l'indigence. Mais Callias lui avait souvent offert de grosses sommes, et l'avait toujours inutilement pressé de les recevoir. Aristide le déclara pour le justifier : il ajouta que le moyen de s'épargner des besoins et des embarras, était de se borner au pur nécessaire. Après la mort de ce grand homme, la république fit les frais de ses funérailles, et pourvut à l'entretien de sa famille. Quel respect, quelle reconnaissance ne devait-on pas à tant de vertus ?

Il était en partie redevable de son mérite à Clisthène, excellent citoyen, auquel il s'était attaché dans sa jeunesse. Quand un jeune homme avait du talent et de l'émulation, il trouvait toujours quelqu'illustre personnage qui se fesait un plaisir de le former. Il devenait son disciple, son imitateur ; il le suivait constamment, le consultait en tout, ambitionnait de se montrer digne de lui. Prendre les grands hommes pour guides, pour modèles, c'est un des meilleurs exemples que les anciens pussent nous donner.

Ce qui lui avait acquis tant de mérite.

CHAPITRE VIII.

Cimoa augmente la gloire d'Athènes.

CIMON, fils de Miltiade, avait eu une jeunesse déréglée ; mais sentant bientôt la honte du vice, il s'était livré aux conseils de la sagesse. Aristide l'avait instruit par ses leçons, et l'avait rendu digne de le remplacer. Il fut en effet son successeur dans le gouvernement

Cimon.

d'Athènes. On ne pouvait fixer la légéreté inquiète des Athéniens, qu'en les occupant *Sa poli-* contre les ennemis du dehors. Cimon s'en *tique.* fit une règle de politique. Plusieurs avantages qu'il remporta sur les Perses, affaiblirent cette puissance, dont on avait toujours à craindre le courroux et l'ambition.

Fin de Thémistocle, réfugié à la cour d'Arta-*Thémis-* xerxès-Longuemain, successeur de Xerxès, *tocle.* serait devenu sans doute redoutable à sa patrie, s'il eût été à la tête d'une armée. Le monarque voulut l'obliger quelques années après à porter la guerre en Attique ; mais il s'empoisonna, dit-on, pour se délivrer d'une commission trop odieuse. Les Egyptiens, voyant les Perses affaiblis, se révoltèrent contr'eux, et reçurent des secours d'Athènes. Ils furent vaincus comme auparavant, parce que le secours ne suffisait point, et que l'Egypte manquait toujours de guerriers.

Suite de Artaxerxès sollicita les Spartiates à pren-*la rivalité* dre les armes contre les Athéniens. Ses offres *entre* furent sans effet. Cependant un levain de *Sparte et* discorde agitait déjà les deux républiques, et *Athènes.* les préparait à une rupture éclatante. Sparte *Sparte.* essuya des malheurs qui l'exposèrent à périr. Ses maisons furent presque toutes renversées par un tremblement de terre ; ses esclaves se révoltèrent, s'unirent aux Messéniens et à d'autres ennemis. On réclama, dans cette extrémité, les secours d'Athènes.

Avis de Périclès, dont nous parlerons souvent, y *Cimon en* acquérait beaucoup de crédit, et sa politi-*faveur de* que était ambitieuse. L'orateur Ephialte, *Sparte.*

son partisan, soutint dans la tribune aux harangues, qu'une ville rivale ne devait point être secourue ; qu'il fallait même se féliciter de sa ruine. Cimon pensait tout différemment. La foi des traités, l'intérêt commun de la Grèce, les principes de générosité et d'honneur, lui paraissaient des lois inviolables. Il jugeait d'ailleurs avec raison, que Sparte était nécessaire pour contenir la licence des Athéniens. Il disait qu'on ne devait pas laisser la *Grèce boiteuse*, ni Athènes sans contrepoids. Il persuada d'envoyer du secours à Sparte.

Chargé lui-même de conduire les troupes, Cimon remplit sa commission avec autant de succès que de zèle. Peu après, les Spartiates eurent encore besoin de secours, et il leur en amena de nouveau. Mais il fut renvoyé par une défiance injurieuse. Les Athéniens, furieux de cette insulte, s'en prirent à l'illustre général ; l'ostracisme fut sa récompense. Les deux peuples se firent une guerre qui servit de prélude aux plus grands malheurs.

Cimon vint offrir ses services à l'armée Athénienne. On lui ordonna de se retirer. Ses amis, au nombre de cent, soupçonnés injustement comme lui, se firent tous tuer en combattant pour la patrie, et contribuèrent beaucoup à la victoire de Tanagre, remportée sur les Spartiates. Au bout de cinq ans, on rappela Cimon de l'exil, parce qu'on avait besoin de lui. Son rival Périclès proposa lui-même son rappel. Le patriotisme réparait ainsi quelquefois les injustices des passions. Ce vertueux citoyen fit d'abord conclure une trève avec Sparte.

Ses victoires contre les Perses.

Ensuite, il tourna les armes des Athéniens contre l'ennemi étranger, soit pour augmenter leur puissance par des moyens glorieux, soit pour empêcher les effets de leurs cabales. Il remporta des victoires sur les Perses, et se rendit si redoutable, qu'Artaxerxès désira enfin la paix, l'an 449 avant J. C. On fit un traité, par lequel toutes les villes grecques de l'Asie-mineure furent déclarées libres. On convint que les Perses ne pourraient plus naviguer depuis le Pont-Euxin jusqu'aux côtes de la Pamphilie, et que leurs troupes ne pourraient approcher de ces mers à la distance de trois journées. Ainsi, à la gloire des Grecs, finit une guerre qui durait depuis cinquante et un ans.

Son caractère.

Cimon avait consommé l'ouvrage des héros ses prédécesseurs. Sa mort fut une perte irréparable. Riche et désintéressé, il fut un modèle de vertu dans la fortune. Ses jardins étaient ouverts à tout le monde : sa table était celle des pauvres, aussi-bien que de ses amis ; et loin de capter par ce moyen la faveur du peuple, il s'éleva toujours contre les abus de la démocratie. Périclès ne l'imita point.

CHAPITRE IX.

Périclès gouverne Athènes.

Nul homme n'avait plus de talent que Périclès pour gouverner les Athéniens. L'éclat de sa naissance le rendait moins respectable que la supériorité de son génie. Elève du philosophe Anaxagore, il se distinguait par des connaissances profondes, par un discernement sûr, et par une éloquence à laquelle on ne pouvait résister. Comme il ambitionnait le commandement, il s'était appliqué surtout à l'étude des hommes, et à l'art de les conduire. Il affecta d'abord de s'éloigner des affaires, afin de n'exciter ni jalousie, ni défiance. Il parut n'avoir d'autre objet que d'acquérir de la réputation par les armes. Mais en l'absence de Cimon, le seul concurrent qu'il eût à craindre, il se produisit, il flatta le peuple, il renonça aux plaisirs pour jouer le rôle d'homme d'état, et il se livra entièrement aux occupations politiques.

Caractère et talens de Périclès.

Il évita de s'exposer, comme Thémistocle, aux dégoûts de la multitude, ne se trouvant aux assemblées que dans les occasions essentielles, et fesant parler ses amis quand il n'avait pas besoin de parler lui-même. Sa fortune médiocre ne lui permettait pas de prodiguer les largesses. Il y suppléa aux dépens de la patrie; il multiplia les jeux, les specta-

Comment il gagna le peuple d'Athènes

cles : il fit distribuer de l'argent à ceux qui fréquentaient les tribunaux et les assemblées publiques. En un mot, pour se rendre maître des suffrages, il corrompit les mœurs.

Après la mort de Cimon, qui se récriait en vain contre des changemens si dangereux, l'autorité de Périclès s'accrut toujours. Les finances de la Grèce passèrent entre ses mains. Il en consacra une partie à orner Athènes d'édifices et de statues. C'est alors que le célèbre Phidias éleva tant de monumens superbes, qui surpassaient infiniment par le goût, les ouvrages des Egyptiens.

Les alliés se plaignirent que le trésor, destiné à la défense commune, fût employé à l'embellissement d'une seule ville. Leurs plaintes étaient assez justes. Périclès y opposait des prétextes spécieux. Il disait que cet argent appartenait aux Athéniens, dès qu'ils remplissaient leurs engagemens à l'égard des alliés ; il soutenait qu'on ne pouvait en faire un meilleur usage, après avoir pourvu aux besoins publics. Mais il augmenta les taxes de près d'un tiers ; et n'aurait-il pas dû les diminuer, si elles étaient plus que suffisantes pour les véritables besoins ?

Les plaintes redoublant contre lui à ce sujet, il offrit au peuple de payer à ses propres dépens tous les ouvrages, pourvu que les inscriptions ne portassent que son nom. La vanité seule aurait empêché les Athéniens d'y consentir. On le laissa maître de puiser dans le trésor. Une telle offre de sa part suppose une grande augmentation de fortune.

Les historiens vantent néanmoins son désintéressement.

Périclès fut délivré par l'ostracisme d'un rival que lui avaient suscité les riches. Il devint alors tout-puissant : il flatta moins le peuple, et ne laissa pas d'être l'arbitre des délibérations. Sa réputation de probité fortifiait l'ascendant qu'il avait acquis par l'éloquence et la politique. Il y joignit la gloire des armes par quelques expéditions heureuses. Mais ses ennemis n'en furent que plus irrités. On cherche les moyens de le perdre ; on commence par attaquer ses amis. On accuse Phidias d'avoir volé une partie de l'or qui devait entrer dans une statue de Minerve. Phidias démontre son innocence : on le traîne cependant en prison, et il y meurt.

Aspasie de Milet, femme admirable par sa science et son génie, que Périclès avait épousée, après avoir été son amant, est accusée d'impiété et de débauche. Son éloquence, les larmes de son époux, la sauvent à peine du péril qui la menaçait. On venait d'ordonner, par un décret odieux, de dénoncer quiconque, sous prétexte de philosophie, expliquerait la nature d'une manière contraire à la religion du pays, c'est-à-dire, sans les fables de la mythologie grecque. En conséquence Anaxagore est cité comme un impie. C'était le premier philosophe qui eût prouvé, par la raison, l'existence de la divinité. Périclès désespérant de sa justification, l'engage à prendre la fuite.

Les accusateurs s'enhardirent par le succès,

Comment il gouverna.

Accusation de Phidias.

D'Aspasie

D'Anaxagore.

De Périclès.

au point d'attaquer Périclès lui-même sur l'emploi des deniers publics. On lui ordonna de rendre ses comptes. Tandis qu'il s'y préparait, le jeune Alcibiade qui devait devenir célèbre, dit avec finesse : *Il devrait plutôt penser à ne pas les rendre.* En effet, Périclès se délivra d'un tel souci par la guerre du Péloponnèse, en cessant de s'y opposer, selon quelques historiens, ou en l'excitant pour son propre intérêt, selon les autres.

Cause de la guerre du Péloponnèse.

Cette guerre civile, un des plus funestes évènemens que la Grèce pût éprouver, vint sur-tout de la faute des Athéniens. Fiers de leurs exploits et de leur puissance, ils avaient perdu la modération qui leur avait procuré le commandement. Ils s'étaient attiré autant de haine que de jalousie par leurs entreprises. Ils assiégeaient alors Potidée, colonie de Corinthe. Les Corinthiens et d'autres mécontens portent leurs plaintes à Sparte, invectivent contre l'ambition d'Athènes, insistent sur la nécessité de s'unir contr'elle. On se détermine à prendre les armes ; mais on entame une négociation pour gagner du temps. On exigeait en particulier que les Athéniens levassent le siége de Potidée. Périclès s'y opposa. La gloire et les ressources d'Athènes furent les motifs qu'il fit valoir. Les propositions ayant été rejetées, la guerre commença bientôt. -

CHAPITRE

CHAPITRE X.

Commencement de la guerre du Péloponnèse. Alcibiade.

Sparte, et presque tout le Péloponnèse, la Phocide, la Béotie, et d'autres peuples, formaient une ligue formidable contre Athènes ; leur armée montait à soixante mille hommes. Les forces d'Athènes se réduisaient à quinze mille combattans, outre ceux qui étaient armés pour la défense de la ville. Avec si peu de troupes on ne pouvait tenir la campagne. Aussi le plan de Périclès était-il d'abandonner les terres au ravage , de ne point exposer les hommes , de défendre seulement Athènes, et de s'attacher principalement à la marine , qui fesait la puissance des Athéniens. Il leur persuada , non sans peine , de se tenir enfermés dans leurs murailles , tandis que l'Attique était dévastée. Par le moyen de leurs vaisseaux , ils se vengèrent sur le Péloponnèse du mal qu'on fesait à leur pays.

On connut dans cette expédition l'utilité des sciences. Une éclipse de soleil frappa les troupes de terreur ; la superstition leur fesait croire que c'était un signe de la colère des dieux. Heureusement Périclès leur expliqua ce phénomène de la nature, et ranima leur courage.

G

Avant J. C. 431.

Plan de défense proposé par Périclès.

Périclès rassure ses soldats sur une éclipse.

Périclès
chargé de
l'oraison
funèbre
des morts.

A la fin de la campagne, on le chargea de l'oraison funèbre des morts. Cette coutume des Athéniens excitait à combattre et à mourir pour la patrie. Après avoir célébré les braves guerriers qui avaient répandu leur sang pour l'état, l'orateur dit à leurs frères et à leurs enfans, qu'ils ne peuvent atteindre à leur renommée sans de sublimes efforts ; que l'envie et la haine poursuivent l'homme vivant, mais qu'on rend justice à ceux qui ne sont plus. Il fut reconduit en triomphe par les mères et les veuves des morts, transportées de joie ou d'enthousiasme.

Seconde
année de
la guerre.

La seconde année de la guerre, une peste affreuse mit le comble aux calamités publiques. Le malheur aigrit les ames. On se déchaîna contre Périclès ; on l'accusa : le peuple injuste et volage le condamna à une amende, et lui ôta le commandement. Mais on sentit bientôt que plus les maux se multipliaient, plus on avait besoin d'un tel homme. On lui demanda pardon, et on

Mort de
Périclès.

remit les affaires entre ses mains. Il mourut peu de temps après de la peste.

Les progrès des sciences, des arts, du commerce et de la marine, fourniraient une ample matière à son éloge, si ses vues, pour faire fleurir Athènes, n'avaient pas contribué à la corrompre. Aristide et Cimon servirent mieux la patrie, en la rendant respectable par la modération et la justice. Ils lui auraient épargné les horreurs de la guerre du Péloponnèse, qui dura dix-sept ans, et qui fut toujours pleine d'atrocité.

La haine mutuelle de Sparte et d'Athènes passa toutes les bornes. Ces deux républiques firent mourir des ambassadeurs arrêtés en chemin. La première demanda même du secours aux Perses, tant on craignait peu de se déshonorer pour satisfaire sa passion. Cléon, vil harangueur, gouverna les Athéniens, et les remplit de la fougue dont il était animé. Après dix ans d'expéditions cruelles, on conclut une trève de cinquante ans; mais ce ne fut qu'une fausse apparence de concorde.

Alcibiade, jeune Athénien de grande naissance, d'une beauté rare, d'un esprit extraordinaire, excité à la vertu par les leçons du philosophe Socrate, mais entraîné au vice par ses penchans et par ses flatteurs, aspirait au gouvernement de la république. Ses projets d'ambition étaient fondés sur la guerre. Il travaillait à rallumer un feu mal éteint; et possédant l'art de manier l'esprit du peuple, il devait y réussir.

Son libertinage l'exposait à la censure. Pour détourner l'attention des médisans, il s'avisa de faire couper la queue à un beau chien qu'il avait. Ce fut bientôt la nouvelle d'Athènes : on l'avertit que tout le monde le blâmait d'avoir défiguré cet animal. *Tant mieux*, dit-il en riant, *je veux que les Athéniens parlent de mon chien pour qu'ils se taisent sur ma conduite.* C'était bien connaître un peuple frivole.

Sparte et Athènes se plaignant de quelques infractions de la trève, Alcibiade saisit l'occasion de la faire rompre. Il en vint à

G 2

Suite de la rivalité entre Sparte et Athènes.

Alcibiade, son caractère.

Comment il se dévouait à la satire.

Rallume la guerre du Péloponnèse.

bout, malgré Nicias, bon citoyen et général circonspect. Cependant Nicias avait un parti : les Athéniens se divisaient entr'eux ; l'ostracisme allait décider la querelle. Hyperbolus, homme décrié, déclamait contre l'un et l'autre, dans la vue de succéder à leur pouvoir. Mais les deux factions se réunirent contre lui-même, et il fut banni. On renonça dès-lors à l'ostracisme, parce qu'il parut avili en tombant sur Hyperbolus.

Fin de l'ostracisme.

Projet d'attaquer Syracuse.

Ce n'était point assez pour Alcibiade d'armer Athènes contre Sparte. Son imagination trop ardente se repaissait de chimères. Il médita la conquête de la Sicile, et il en fit adopter le projet, quelques raisons que Nicias pût y opposer. La Sicile était peuplée de colonies grecques, parmi lesquelles Syracuse tenait le premier rang. Gélon, contemporain de Xerxès, avait mérité le titre de roi dans cette ville fameuse. Hiéron et Thrasybule, ses deux fils, régnèrent ensuite, mais n'imitèrent pas ses vertus. Le dernier fut chassé comme un tyran. Syracuse ayant secoué le joug, rétablit le gouvernement populaire dans le reste de la Sicile. Elle eut ensuite des démêlés avec deux peuples voisins, les Léontains et les Egistains. Ceux-ci implorèrent contr'elle le secours d'Athènes.

Alcibiade vient à bout de le faire réussir.

Nicias représenta inutilement qu'on ne pouvait, sans une folle témérité, s'engager dans cette guerre, tandis qu'on était environné d'ennemis. Les talens, les grâces et les profusions d'Alcibiade enchantaient le peuple et la jeunesse. Avec ces avantages,

il l'emporta aisément sur son adversaire. On
résolut de prendre les armes contre Syracuse.
On les chargea l'un et l'autre de l'expédition, en leur associant un collègue nommé
Lamachus. Les Athéniens avaient déjà eu
l'idée de conquérir la Sicile ; mais la prudence de Périclès, qui gouvernait alors, les
avait détournés de ce dessein.

Les préparatifs se firent en diligence. L'armée allait partir, quand un accident singulier
remplit toute la ville de tumulte. Les statues
de Mercure se trouvèrent mutilées. C'était
un sacrilége capable de mettre en fureur les
Athéniens. Peut-être les ennemis d'Alcibiade
l'avaient-ils commis eux-mêmes pour le perdre. Ils saisirent du moins l'occasion, et
l'accusèrent d'impiété.

Loin de montrer de la faiblesse, il demanda un prompt jugement. Comme les
troupes le soutenaient, ses accusateurs auraient eu trop de peine à réussir. Ils suspen-
dirent donc l'affaire, sous prétexte que l'em-
barquement ne pouvait se différer. La flotte
partit ; mais à peine fut-on en Sicile, qu'Alcibiade reçut ordre de revenir pour être jugé
sur l'accusation. Ses ennemis avaient si bien
cabalé en son absence, que le peuple superstitieux ne voyait plus guère en lui qu'un impie,
et oubliait les talens qui pouvaient le rendre
nécessaire. Il craignit d'être la victime de
cette cabale ; il s'échappa des mains de ceux
qui le conduisaient, il s'enfuit à Sparte, il
y jura une haine mortelle à sa patrie ; il
affecta de se plier aux mœurs des Spartiates,

Avant
J. C. 415.
Il est ac-
cusé.

Suite de
son procès

G 3

et gagna ainsi leur confiance. Les Athéniens le condamnent à mort par contumace, le livrent aux malédictions des prêtres. A la nouvelle de sa sentence, il s'écrie : *Je leur ferai bien voir que je vis encore.*

Evènement du siége de Syracuse.

Quelque téméraire que fût Alcibiade, son courage et son génie auraient pu procurer de grandes ressources dans l'expédition de Sicile. Les incertitudes et la timide lenteur de Nicias augmentèrent les difficultés. En désapprouvant tout haut cette guerre, il décourageait les troupes. Cependant le siége de Syracuse fut poussé avec vigueur. Les Syracusains amollis par les richesses, auraient succombé, si les secours qu'ils demandaient à Sparte et à Corinthe, et qu'Alcibiade sollicita vivement pour eux, ne fussent arrivés à propos. Deux mille Athéniens périrent dans un combat nocturne, hasardé contre le sentiment de Nicias. Les maladies, le découragement, le danger même d'Athènes que bloquaient les Spartiates, tout inspira le désir de lever le siége.

Avant J. C. 413.

Défaite des Athéniens.

On pouvait se retirer sans perte, lorsque les ennemis y pensaient le moins. Une éclipse de lune épouvanta, et fit différer le départ, tant Nicias était superstitieux et ignorant, en comparaison de Périclès. Les Syracusains eurent le temps de se préparer au combat ; et avec le secours des Spartiates, commandés par Gylippe, ils défirent les Athéniens sur mer et sur terre : les généraux se rendirent prisonniers, après d'inutiles efforts de courage. Ils furent mis à mort, et le triomphe

de Syracuse fut souillé par d'affreuses barbaries. On verra dans l'histoire romaine la
suite des révolutions de Sicile.

CHAPITRE XI.

Suite de la guerre du Péloponnèse.
Reddition d'Athènes.

L'ESPÉRANCE de conquérir Syracuse enivrait encore le peuple d'Athènes, au point qu'il condamna à mort, comme un exécrable imposteur, le premier qui apporta la nouvelle du désastre. La consternation succéda bientôt à cette espérance. Le danger était d'autant plus terrible, que les Spartiates, par le conseil d'Alcibiade, avaient fortifié Décélie, proche d'Athènes. Sans la lenteur ordinaire du gouvernement de Sparte, on devait être accablé par un coup de main. On eut le temps de respirer, de se reconnaître Le peuple abandonna les affaires à un conseil de vieillards. Un décret permit d'employer enfin un trésor, auquel il était défendu de toucher depuis le commencement de la guerre. Cette ressource servit à rétablir les finances et la marine autant qu'il était possible. Mais on avait encore tout à craindre.

Effet que produit à Athènes le mauvais succès de la guerre de Syracuse.

Presque tous les alliés d'Athènes étaient devenus ses ennemis. Alcibiade les armait contr'elle par ses intrigues. Heureusement il ne conserva point dans Sparte le crédit qui le rendait redoutable à sa patrie. Sous de

Intrigues d'Alcibiade contre sa patrie.

faux dehors de vertu , il avait débauché la femme du roi Agis : il excitait d'ailleurs la jalousie des principaux citoyens. De tels motifs de ressentiment firent oublier ses services. Tandis qu'il travaillait en Ionie pour les Spartiates , ils y envoyèrent un ordre pour le faire mourir.

Averti de cette perfide résolution , Alcibiade se réfugia auprès de Tissapherne , satrape ou gouverneur de Sardes , qu'il avait engagé depuis peu à se déclarer contre Athènes. Il gagna bientôt la confiance des Perses, dont les mœurs étaient conformes à ses penchans , et dont les précédentes disgrâces donnaient du poids à ses conseils. Il détermina Tissapherne à entretenir la division parmi les Grecs , afin qu'un des partis ne pût dominer par la ruine de l'autre. C'était la politique la plus adroite et la plus sûre.

En même-temps les dissentions déchiraient Athènes. On y changea le gouvernement. On confia toute l'autorité à quatre cens citoyens. Ils cassèrent le sénat , ils méprisèrent les lois, ils se firent détester par leur tyrannie. L'armée était à Samos. Elle refuse de consentir à ce changement funeste, rappelle Alcibiade, le met à la tête des généraux , le presse d'exterminer les tyrans. Alcibiade se fait un plaisir de commander encore aux Athéniens; mais il commence par combattre les Spartiates et leurs alliés : il reprend l'empire de la mer , et se prépare ainsi glorieusement au retour dans sa patrie. Pendant qu'il se signalait de la sorte , on décerna son rappel ; on chassa les quatre cens oppresseurs.

Cet homme extraordinaire, qui aurait pu faire tant de bien, et qui avait fait tant de mal, fut reçu avec des transports de joie. Athènes se reprocha de l'avoir persécuté. Elle ordonna aux prêtres de lever les anathèmes lancés contre lui. La prêtresse Théano avait refusé son ministère à la haine, en disant : *Je suis prêtresse pour bénir et non pour maudire.* On dut célébrer alors ce trait de sagesse. Alcibiade redevint l'idole du peuple. Sa politique artificieuse prit un masque de religion, pour effacer jusqu'au souvenir de l'impiété dont on l'accusait. Il célébra pompeusement les mystères de Cérès. Mais comment se garantir de la légéreté des Athéniens ?

Sa réception et sa conduite à Athènes.

Excités par un misérable harangueur, ils rejetèrent des propositions de paix que firent les Spartiates. Cette imprudence attira de nouveaux malheurs. Lysandre, général de Sparte, demanda du secours aux Perses, et en obtint des sommes pour augmenter la paie de ses matelots. Il attira sur sa flotte une partie de ceux d'Athènes. Tandis qu'Alcibiade cherchait de l'argent en Ionie, Antiochus, qui commandait en son absence, fut battu. Les Athéniens comptant sur des victoires rapides, irrités de cet échec, déposèrent Alcibiade, et mirent à sa place dix généraux.

Revers des Athéniens.

D'un autre côté, Sparte rappela Lysandre dont elle craignait l'ambition. Callicratidas, son successeur, homme vertueux et intrépide, eut d'abord de grands succès. Mais Athènes équipa en peu de temps cent dix galères, pour secourir un de ses généraux, Conon,

Bataille des Arginuses.

qui était assiégé dans le port de Mitylène. Le Spartiate se crut obligé de combattre des forces très-supérieures aux siennes. Il fut vaincu et tué à la bataille des Arginuses. La flotte des alliés y essuya une perte immense.

Injustice des Athéniens après leur victoire.

Après cette victoire, les Athéniens se déshonorèrent par la plus étrange injustice. Les généraux avaient destiné cinquante galères au soin d'enlever les morts, et de leur rendre les derniers devoirs. Une tempête empêcha l'exécution de leurs ordres. Le peuple aveuglé par la superstition, fesant dépendre de la sépulture le bonheur de l'autre vie, crut que les morts demandaient vengeance. Six des généraux furent accusés, furent condamnés au supplice, furent exécutés pour un crime imaginaire, au lieu d'être récompensés pour un service mémorable. C'est ainsi que des préjugés superstitieux peuvent étouffer tout sentiment, et anéantir toute raison.

Vaincus près d'Egos-Potamos.

Sparte rendit le commandement à Lysandre, parce que les alliés le demandaient, et que ses talens pouvaient réparer le désastre des Arginuses. Il prit Lampsaque, sur les côtes de l'Hellespont. Les Athéniens le suivent promptement, et lui présentent la bataille. Il la refuse plusieurs jours de suite; il cherche à exciter leur confiance, afin de les attirer dans un piége. Comme ils n'avaient près de là ni ville, ni port, la sécurité pouvait les perdre. Ils s'accoutumèrent à débarquer le soir, après avoir insulté l'ennemi tout le jour. Alcibiade, retiré en Thrace, vint les avertir du danger qui les menaçait, et ne fut point écouté. Enfin Lysandre saisit un moment où ils étaient dispersés, tomba sur leur flotte près d'Egos-Potamos, s'en rendit maître, tailla leur armée en pièces, et fit trois mille prisonniers.

On les dévoua au massacre. Philoclès, un des généraux athéniens, avait eu la même cruauté pour des prisonniers Spartiates. Lysandre lui demandant de quelle peine il se croyait digne. *Tu es vainqueur*, répondit-il, *use de tes droits ; traite-nous comme nous t'aurions traité si nous avions été vainqueurs.* Qu'on juge par-là de l'atrocité de cette guerre, et des traitemens à quoi l'on s'expose quand on manque de justice et d'humanité.

Bientôt après la défaite de ses troupes, Athènes est assiégée par mer et par terre. Ces républicains si orgueilleux, abattus par l'infortune, paraissent aussi lâches qu'ils s'étaient montrés téméraires. Sans se défendre, ils offrent de tout céder, pourvu qu'on leur laisse la ville et le port. On délibère à Sparte sur leurs propositions. Les Corinthiens et les Thébains voulaient qu'Athènes fût détruite, les Spartiates se souvinrent alors des services qu'elle avait rendus aux Grecs, et voulurent qu'on y eût égard.

On fit avec les Athéniens un traité, dont voici les conditions : Que les fortifications du Pirée seraient détruites, avec le mur qui joignait ce port à la ville ; que les Athéniens livreraient toutes leurs galères, excepté douze ; qu'ils abandonneraient toutes les places dont ils s'étaient emparés ; qu'ils rappelleraient les bannis ; enfin, qu'ils feraient la guerre sous les ordres des Spartiates. Ainsi fut terminée au bout de vingt-sept ans, la guerre du Péloponnèse. L'ambition en avait été la cause, la haine y joignit toutes ses fureurs ; la Grèce y perdit tous les avantages que l'union avait auparavant procurés.

CHAPITRE XII.

Corruption de Sparte. Délivrance d'Athènes. Procès de Socrate.

Conduite de Lysandre après sa victoire

L'AMBITIEUX Lysandre voulait dominer par-tout. Après sa victoire navale, il avait soumis plusieurs villes à des magistrats dont il pouvait disposer. Il changea aussi le gouvernement d'Athènes ; et trente Archontes qu'il y créa, furent des tyrans cruels et inexorables. Il corrompit les mœurs de Sparte, en y introduisant les richesses. Gylippe même, célèbre par la délivrance de Syracuse, fut tenté de dérober une partie de cet argent étranger : convaincu d'un vol si infame, il s'enfuit pour éviter le supplice.

État d'Athènes.

Sparte du moins était encore libre, tandis qu'Athènes gémissait dans l'oppression. Ses trente tyrans, selon l'historien Xénophon, firent mourir en huit mois de paix plus de citoyens, que les ennemis n'en avaient tué en trente ans de guerre. Cette exagération prouve assez la grandeur du mal. Alcibiade,

quoique

quoique exilé, entreprit de délivrer sa patrie.
Il partit pour la cour de Perse, où il se proposait de négocier en sa faveur. Les Spartiates
craignant ses intrigues, engagèrent le satrape
Pharnabase à ordonner qu'on l'assassinât.

Des satellites vinrent assiéger sa maison. *Fin d'Al-*
N'osant y entrer, ils y mirent le feu. Alci- *cibiade.*
biade sort l'épée à la main, les repousse,
est accablé de traits qu'ils lui lancent en
fuyant, et meurt couvert de blessures. La
Grèce n'aurait pas eu de plus grand homme,
s'il avait su modérer ses passions, et consacrer ses talens à la vertu.

Athènes trouva un autre vengeur dans *Thrasi-*
Thrasibule. Il se mit à la tête des fugitifs, *bule.*
vint attaquer les tyrans, et les chassa. Les
Spartiates s'efforcèrent en vain de les rétablir.
On devait craindre que cette révolution ne
coûtât beaucoup de sang, parce qu'il restait
dans la ville beaucoup de coupables ; mais un
acte d'amnistie abolit le souvenir du passé,
et augmenta la gloire de Thrasibule.

Les malheurs et l'expérience ne rendaient *Socrate.*
pas les Athéniens plus sages. Le fameux procès de Socrate les couvrit bientôt de honte,
en mettant le comble à leurs injustices. Socrate était le modèle de la véritable philosophie, qui éclaire l'esprit pour rendre le
cœur vertueux. Il pratiquait parfaitement
tous les devoirs. Bon mari avec une femme
acariâtre, brave guerrier dans les armées,
citoyen zélé et incorruptible dans les affaires,
pauvre et désintéressé, ami de tous les gens
de bien, se dévouant à l'instruction de la

H

jeunesse pour former des sages, il méritait la reconnaissance et le respect de sa patrie. Mais il méprisait les sophistes, qui jugeaient de tout sans rien savoir, et qui débitaient de vaines paroles pour la science : les sophistes furent donc ses ennemis. En se conformant à la religion grecque, il donnait à ses disciples des idées sublimes de Dieu, propres à décrier les fables de la mythologie. Les superstitieux et les hypocrites furent donc ses ennemis. Les uns et les autres conjurèrent sa perte. Ils pouvaient armer contre lui la superstition populaire ; moyen odieux, que les méchans ne rougissaient pas d'employer contre la vertu.

Ses ennemis.

Deux hommes infames, Anytus et Mélitus, devinrent les chefs du complot. Aristophane, qui n'épargnait rien dans ses comédies satiriques, irrité de ce que Socrate n'approuvait point sa licence, lui porta le premier coup en le jouant sur le théâtre. Ce philosophe assista tranquillement à la représentation de la comédie des *Nuées*, où on le déchirait par le ridicule. *Je m'imagine*, dit-il ; *être à un festin où j'amuse tout le monde.*

Circonstances de son procès

Ensuite Mélitus se porta ouvertement pour accusateur : il l'accusa de corrompre la jeunesse, et d'introduire de nouvelles divinités, ou plutôt de ne pas reconnaître les dieux. Socrate se justifia par le simple exposé de sa conduite. On le condamna néanmoins. Il pouvait choisir pour peine une amende. Ses amis offraient de la payer ; mais il refusa, de peur de paraître s'avouer coupable ; il dit même au peuple qu'il croyait avoir mérité plutôt d'être nourri aux dépens de l'état. Cette fierté de l'innocence irrite nos juges. On le condamne à boire la ciguë ; c'était la peine de mort. Il dit sans s'émouvoir : *Je vais mourir ; la nature m'y avait condamné dès ma naissance ; la vérité condamnera bientôt mes accusateurs à l'infamie.*

Sa mort.

Ses amis voulant le tirer de prison, et l'invitant à prendre la fuite, il répondit que ce serait outrager les lois. Le jour du supplice ; il s'entretint avec eux sur l'immortalité de l'ame, vérité si consolante pour la vertu. Il but enfin la ciguë qui devait lui ôter la vie, comme si elle n'eût été qu'un remède salutaire. Après sa mort, les Athéniens ouvrirent les yeux, détestèrent leur propre injustice ; honorèrent la mémoire de ce grand homme, et punirent sévèrement ses accusateurs. L'accusation et le jugement étaient d'autant plus abominables, qu'on permettait aux poètes de jouer les dieux sur la scène.

Les trente tyrans avaient épargné Socrate, quoiqu'il se déclarât hautement contr'eux. Ce fut peu après leur expulsion, l'an 400 avant Jésus-Christ, que la sentence du peuple le fit mourir. Les philosophes se multiplièrent cependant plus que jamais ; ils se divisèrent en plusieurs sectes ; ils inventèrent toutes sortes d'opinions , opposées les unes aux autres. Mais on ne vit plus que Socrate, qui eût la modestie d'avouer son ignorance, et qui ne cherchât dans ses travaux que la vérité et la vertu.

Les Grecs firent en ce temps-là une expédition célèbre. La cour de Perse était sujette à de fréquentes révolutions, parce que le pouvoir du prince y tenait lieu de lois. Des frères avaient tué, avaient détrôné leurs frères. Artaxerxès-Mnémon régnait alors. Son frère Cyrus, qui commandait dans l'Asie-mineure, entreprit de le détrôner. Il engagea dans son parti les Spartiates, dont il s'était montré le protecteur : treize mille Grecs le joignirent, sans savoir ce qu'il voulait faire d'eux.

Il les conduit vers Babylone. Artaxerxès s'avance avec une armée innombrable. Cyrus est tué dans le combat, mais les Grecs, par leur courage et leur discipline, bravent cette multitude d'ennemis, et déclarent qu'ils mourront plutôt que de rendre les armes. Sans cesse attaqués dans leur retraite, toujours victorieux, ils reviennent par l'Hellespont, au nombre de dix mille, après avoir traversé de la sorte cinq à six cens lieues de pays. Xénophon, qui les commandait à la fin de la retraite, en a écrit les détails. Il loue beaucoup le jeune Cyrus. Quelque mérite qu'eût ce prince, on ne peut que blâmer son ambition et condamner son entreprise.

CHAPITRE XIII.

Agésilas en Asie. Traité honteux avec les Perses. République de Thèbes.

LA retraite glorieuse des dix mille ranima parmi les Grecs l'ardeur des combats. Leurs colonies asiatiques étaient en danger, parce qu'elles avaient eu part à la révolte de Cyrus. Ils prirent les armes pour les défendre, et pour humilier encore les Perses. Agésilas, roi de Sparte, fut chargé du commandement.

C'était un véritable héros, conservant les anciennes mœurs de la patrie, soumis aux lois, d'autant plus respecté des citoyens, qu'il savait gagner les cœurs. Il demanda trente capitaines pour composer son conseil. En peu de temps il remplit l'Asie de la terreur de ses armes. Les officiers du grand roi ouvrirent une négociation. Dans les conférences, il se montra insensible aux menaces et aux promesses ; il triompha en quelque sorte de leur faste par son héroïque simplicité.

Déjà il se proposait de pénétrer dans l'intérieur de l'empire. Mais les intrigues et l'or des Perses avaient excité contre Sparte une ligue dangereuse. Thèbes, Argos, Corinthe, Athènes se soulevèrent, et ne voulurent plus obéir. Lysandre, qui commandait sur l'Hellespont ; accourut pour étouffer cette ligue ; il fut tué dans un combat inégal. Toujours ambitieux, quoique pauvre, il avait formé un complot contre Agésilas. Ainsi il méritait peu de regrets.

Agésilas rappelé d'Asie.

On sentit alors que le retour d'Agésilas était nécessaire. Les Ephores lui envoient ordre de revenir. Il revient sans hésiter, sacrifiant les plus belles espérances de victoire. *Je sais,* dit-il, *qu'on ne mérite de commander, que lorsqu'on se laisse gouverner par les lois.* Il conduit les troupes en Béotie. Prêt à livrer la bataille, il apprend qu'une flotte ennemie vient de dissiper celle de Sparte. Il dissimule cette nouvelle ; il fait un sacrifice d'actions de grâces, comme si l'ennemi eût été vaincu. Après avoir encouragé ainsi ses soldats, il attaque les Thébains à Coronée ; il est blessé, et remporte cependant la victoire.

Avant J. C. 387.

Traité honteux de Sparte avec les Perses.

Mais Conon, général athénien, ravagea les côtes de Laconie, releva ensuite les murs d'Athènes, avec des secours d'argent fournis par les Perses. Sparte ne craignait rien tant que de voir son ancienne rivale reprendre des forces. Elle craignit moins de se déshonorer en fesant avec les Perses un traité honteux : Antalcide, ennemi d'Agésilas, en fut le négociateur. La principale condition de la paix, fut que les villes grecques de l'Asie-mineure demeureraient sous la domination du grand roi. Les divisions de la Grèce lui devinrent donc aussi funestes, que l'amour de la liberté et de la gloire lui avait été autrefois avantageux. Ce traité est de l'an 387 avant Jésus-Christ, 107 après la bataille de Marathon.

Sparte s'empare de Thèbes

Sparte recouvra son empire sur la Grèce,

mais l'exerça tyranniquement. Phébidas, un
de ses généraux, conduisait des troupes pour
subjuguer les Olinthiens en Thrace. Il campa
en chemin près de Thèbes où deux factions
mettaient la discorde. Un des chefs l'ayant
engagé à le seconder, il s'empara par surprise de la citadelle. Cette violence était
horrible en pleine paix. Cependant lorsqu'on
s'en plaignit à Sparte, Agésilas dit simple-
ment qu'il fallait examiner si la chose était
utile. Ce grand homme aimait trop la guerre,
et suivait de fausses maximes républicaines,
en supposant que tout ce qui paraît utile est
permis. Le jugement des Spartiates fut bien
étrange. Ils condamnèrent Phébidas à une
amende ; mais ils décidèrent que l'on mettrait
garnison dans la citadelle de Thèbes.

Quatre cens Thébains qui s'étaient réfu-
giés à Athènes, furent bannis par un décret.
Pélopidas, l'un d'eux, distingué par son
mérite comme par sa naissance, entreprit,
quoique fort jeune, de tirer sa patrie d'oppression. Il s'y ménagea des intelligences ; il
y entra secrètement avec onze braves. Les magistrats oppresseurs sont massacrés ; on invite
le peuple à être libre. Une armée athénienne
arrive bientôt avec tous les bannis ; la citadelle est assiégée, et les Spartiates sont forcés à la rendre.

Si les magistrats Thébains avaient eu plus
de vigilance, ils auraient évité ce malheur.
Dans un festin où ils étaient rassemblés, un
d'eux reçut une lettre, par laquelle on lui
donnait avis du complot. Il refusa de l'ouvrir,

Thèbes délivrée par Pélopidas.

Faute des magistrats Thébains.

en disant : *A demain les affaires sérieuses.*
Ce coup fut porté, tandis qu'on oubliait les
affaires pour les plaisirs.

Services qu'Epaminondas rend à sa patrie. L'illustre Epaminondas, pauvre malgré
sa noblesse, philosophe paisible malgré ses
talens, avait été laissé dans la ville par les
tyrans, comme un citoyen incapable de leur
nuire. Il contribua beaucoup au succès, en
se joignant à Pélopidas. Tous deux, unis
par le zèle et par l'amitié, firent la gloire et
le bonheur de Thèbes. Les Athéniens, avec
leur légéreté naturelle, abandonnèrent bientôt cette république. Mais un général de
Sparte, ayant voulu s'emparer de leur port,
ils renouèrent une alliance dont ils sentirent
le besoin.

Agésilas en Béotie. Agésilas fut envoyé en Béotie. Appesanti
par la vieillesse, il se contenta d'une guerre
d'escarmouches, moins propre à soumettre
les Thébains qu'à les aguerrir. Il revint
couvert de blessures. *Vous voilà bien payé,*
lui dit Antalcide, *d'avoir enseigné aux Thébains l'art de la guerre, qu'ils ne voulaient,
ni ne pouvaient apprendre avant vous.* En
effet, ils se signalèrent dans le combat de
Tégyre, où Pélopidas se fit jour à travers
l'armée ennemie, trois fois plus nombreuse
que la sienne.

Ligue contre Thèbes. Cependant la Grèce, lassée de ses divisions, désirait une paix générale. On ouvrit
des conférences à Sparte. Epaminondas y
soutint fièrement l'indépendance de sa patrie.
Agésilas, trop aigri contre les Thébains,
effaça leur nom du traité qu'on allait con-

clure ; les autres Grecs le signèrent par crainte. Un terrible orage allait fondre sur Thèbes, lorsqu'elle commençait à respirer.

CHAPITRE XIV.

Succès des Thébains jusqu'à la mort d'Epaminondas.

IL semble que Thèbes devait être anéantie. Les Spartiates venaient l'attaquer, et le reste de la Grèce avec eux. Mais deux hommes, tels qu'Epaminondas et Pélopidas, suffisent à un peuple animé par le patriotisme. Le premier fut nommé général ; le second n'étant plus en charge, commandait le *bataillon sacré*, composé de trois cens jeunes guerriers, qui s'engageaient par serment à se défendre jusqu'à la mort. Quand il sortit de sa maison, sa femme, les larmes aux yeux, le supplia de se conserver. *C'est ce qu'il faut recommander aux jeunes gens*, répondit-il ; *mais il ne faut recommander aux chefs que de conserver les autres.*

Au moment qu'Epaminondas se mit en marche, on vint lui annoncer que les augures étaient sinistres. Sa réponse fut ce vers d'Homère. *Défendre la patrie est le meilleur présage.* Cependant, pour prévenir les effets de la superstition, il fit supposer des augures favorables, qui inspirèrent aux soldats une vive confiance. Un grand homme peut profiter des erreurs vulgaires, pour l'avantage même du peuple dont elles sont souvent le malheur.

Avant J. C. 370.

Bataille de Leuctres.

La bataille de Leuctres fut décisive. Avec six mille quatre cens hommes seulement, Epaminoudas crut devoir attaquer les ennemis, quoiqu'ils eussent près de vingt-six mille combattans. Il savait que les alliés de Sparte murmuraient contr'elle ; il voyait dans les Thébains tout ce que l'amour de la liberté et l'horreur de la tyrannie donnent de courage ; ce qui aurait été en d'autres temps plus que téméraire, ne l'était point dans de telles circonstances. Enfin, il fit de si belles dispositions, et fut si bien secondé, qu'il remporta une victoire complète. Jamais les Spartiates ne perdirent tant de monde. Leur roi Cléombrotte, et quatorze cens citoyens, restèrent sur le champ de bataille.

Comment on reçut cette nouvelle à Sparte.

On célébrait à Sparte des jeux, quand cette nouvelle y arriva. Les Ephores ne permirent pas de les interrompre. Ils envoyèrent dans les maisons la liste des morts. On vit les femmes, dont les maris ou les fils avaient péri glorieusement, en témoigner leur joie, tandis que les autres ne pouvaient se consoler de ce que les leurs avaient pris la fuite. On suspendit la peine d'infamie que les fuyards devaient encourir, sans quoi on aurait manqué de défenseurs. *Il faut*, dit Agésilas, *laisser dormir les lois pour un jour, et leur rendre ensuite toute leur force.* Sparte, en cette occasion, se montra digne de son ancienne renommée.

Suites de cette victoire.

Comme une partie des alliés se détachait

de la ligue, les Thébains pénétrèrent en Laconie, y portèrent le ravage. Sparte n'avait point de fortifications. Agésilas s'y tint enfermé pour la défendre ; mais Epaminondas l'aurait probablement forcé, s'il l'eût entrepris. Ne voulant pas détruire une ville si célèbre, il se contenta d'affranchir les Messéniens qu'elle opprimait, et il se retira couvert de gloire.

Pour cette expédition du Péloponnèse, il avait gardé le commandement quatre mois au-delà du terme prescrit, parce que le bien public l'exigeait. On en fit à son retour un sujet d'accusation capitale. Il se défendit lui-même, en disant qu'il accepterait volontiers la mort, si on voulait lui laisser toute la gloire de ses dernières actions, et déclarer qu'il les avait faites sans l'aveu de la république. On l'admira, au lieu de le condamner. Sa soumission aux lois le rendait encore plus respectable que la victoire. Ses ennemis lui firent donner, comme par insulte, un emploi indigne de lui. Il s'en acquitta très-soigneusement. *Les charges honorent les citoyens,* disait-il, *mais les citoyens peuvent aussi honorer les charges.*

Athènes et plusieurs autres peuples se liguèrent de nouveau avec Sparte, contre une république, dont les succès excitaient leur jalousie. Les alliés s'adressèrent même aux Perses pour en obtenir du secours. Thèbes députa de son côté Pélopidas, qui se concilia l'estime d'Artaxerxès, et lui persuada sans peine de favoriser sa patrie, plutôt que

Sparte et Athènes si long-temps ennemis des Perses.

Mort de Pélopidas — Il fut employé ensuite contre Alexandre, tyran de Phères en Thessalie. Après l'avoir réduit à prendre la fuite, il se laissa malheureusement surprendre. Tout prisonnier qu'il était, il menaça le tyran de le punir. Le tyran demanda pourquoi il cherchait ainsi la mort? *C'est*, répondit Pélopidas, *afin que tu périsses plutôt, en méritant davantage la heine des dieux et des hommes.* Délivré par Epaminondas, et trop impatient de se venger, il s'exposa imprudemment dans une action pour tuer Alexandre de sa main. Il expira de ses blessures, tandis que ses troupes remportaient la victoire. On voit que la prudence ne réglait pas toujours sa valeur; défaut d'autant plus considérable, que sa tête était plus précieuse à l'état.

Avant J. C. 363. — Bataille de Mantinée. — La guerre s'étant rallumée entre les Thébains et leurs rivaux, Epaminondas fait encore une tentative contre Sparte. Il est obligé de revenir sur ses pas, de peur d'être investi par deux armées. Les ennemis le suivent de près. On en vient aux mains. Il déploie à la bataille de Mantinée toute la science militaire et tout le courage d'un héros; mais il reçoit une blessure mortelle dans la poitrine. Les médecins annoncent qu'il doit mourir, quand on tirera le javelot dont il est percé. Alors il s'informe du succès de la bataille, et de ce que sont devenues ses armes. On lui montre son bouclier; on lui apprend que les Thébains sont vainqueurs. Il ne pense plus

qu'à

qu'à consoler ses amis : *Ne regardez pas ce jour comme le dernier de ma vie*, leur dit-il, *c'est plutôt le commencement de mon bonheur et le comble de ma gloire. Je laisse Thèbes triomphante, Sparte humiliée, et la Grèce libre.* Comme on regrettait qu'il n'eût point d'enfant, il ajoute que Leuctres et Mantinée lui en tiennent lieu, et ne laisseront pas périr son nom. Enfin il arrache lui-même le javelot ; il expire sur le champ.

Cicéron mettait Epaminondas à la tête des grands hommes de la Grèce. Ses qualités héroïques furent en effet rehaussées par tous les genres de mérite. La vertu en était la base. Il n'ambitionnait que le bien de sa patrie. Il conserva les sentimens de la piété filiale au milieu de ses trophées ; et après la bataille de Leuctres, il se félicita sur-tout de la joie qu'en auraient ses parens. Modeste avec la science, *personne*, disait-on, *ne savait plus que lui, et ne parlait moins.* Il pouvait s'enrichir, et fut toujours pauvre. Un de ses amis ayant besoin d'un talent, il l'envoya chez un autre citoyen le lui demander de sa part. Celui-ci vint en savoir la raison. *C'est que vous êtes riche*, lui dit Epaminondas, *et que cet honnête homme est dans le besoin.*

Thèbes, qui venait de jouer un si grand rôle par le moyen de Pélopidas et d'Epaminondas, retomba dans l'obscurité dès qu'elle les eut perdus l'un et l'autre. Les Thébains conservèrent leur réputation de peuple stupide. On l'attribue à l'air épais de la Béotie, où cependant le poète Pindare et l'historien philosophe Plutarque ont pris naissance. Quoiqu'il y ait des climats peu favorables au génie, il n'y en a donc aucun qui ne puisse être illustré par quelques grands hommes.

Suite de la bataille de Mantinée. La bataille de Mantinée inspira aux Grecs le désir de la concorde, qu'ils auraient dû ne jamais rompre. Ils se réunirent pour que chaque ville conservât sa liberté. Sparte, voulant opprimer les Messéniens, n'entra point dans cette paix générale. Elle envoya du secours aux Egyptiens révoltés contre le roi de Perse. *Fin d'Agésilas.* Le vieux Agésilas conduisit les troupes, et mourut en revenant d'une expédition fort inutile. Trop passionné pour la guerre, il avait du moins les anciennes vertus de sa patrie. Voici une belle parole de lui, au sujet du roi de Perse. *Ce roi, que vous appelez grand, peut-il l'être plus que moi, à moins qu'il ne soit plus juste.*

Décadence des Grecs. L'histoire de la Grèce n'offre plus rien d'intéressant jusqu'au règne de Philippe de Macédoine. Sparte languit ; Thèbes se fait oublier ; Athènes s'affaiblit tous les jours ; plusieurs villes se révoltent contr'elle ; les factions la déchirent au-dedans ; ses orateurs entraînent le peuple au gré de leurs caprices ; la violence même y prend la place des lois. Iphicrate, un des meilleurs généraux, se voyant accusé, arme une troupe de jeunes gens, et se fait absoudre à la vue de leurs poignards : *Je serais bien fou*, dit-il insolemment, *de combattre pour les Athéniens, et de ne pas combattre pour moi-même.* Tout est perdu, lorsque les passions n'ont plus de frein.

CHAPITRE XV.

Commencement du règne de Philippe, roi de Macédoine.

Quoique les rois de Macédoine préten- Du royaume de Macédoine. dissent descendre d'Hercule, les Grecs ne les regardaient point comme de leur nation, et les traitaient de barbares ainsi que les Perses. Depuis plus de quatre cens ans que ce royaume subsistait, il avait presque toujours eu besoin de la protection de Sparte ou d'Athènes. Mais le temps était venu qu'il devait l'emporter sur elles, et étendre au loin sa puissance.

Après la mort du roi Aminthas, 375 ans Comment Philippe devint roi. avant Jésus-Christ, ses fils se disputèrent le trône de Macédoine. Leurs discordes pouvaient le renverser. Pélopidas était alors employé par les Thébains contre le tyran de Phères. On eut recours à lui pour terminer ce différend. Il rétablit le calme ; il se fit donner plusieurs ôtages de la première noblesse, entr'autres Philippe, un des frères du roi Perdiccas, et il les envoya aux Thébains. Perdiccas étant mort, deux concurrens voulurent lui succéder, à la place de son fils encore enfant. Alors Philippe, âgé de vingt-quatre ans, formé par les leçons d'Epaminondas, s'enfuit de Thèbes, arriva en Macédoine, se mit en possession du gouvernement, comme tuteur de son neveu. Quelque temps après il fut proclamé roi, parce que les Macédoniens avaient besoin d'un homme, non d'un enfant, pour rétablir leurs affaires.

Comment il forma ses troupes.

Philippe ne fut pas plutôt le maître, qu'il médita de grands desseins. L'essentiel pour lui était d'avoir d'excellentes troupes. Un de ses premiers soins fut de les discipliner. Il inventa la phalange qui devint si redoutable. C'était un corps de six à sept mille hommes, sur seize de profondeur, armés de piques, dont les dernières débordaient celles de la première ligne, pour former toutes ensemble un front impénétrable et terrible. Il traitait les soldats avec bonté, les appelait ses camarades, leur donnait l'exemple, et par-là il en fit autant de héros.

Sa politique.

Il joignit au courage et à la science militaire une profonde politique, encore plus propre à servir son ambition. La ruse, l'art de semer la discorde, celui de négocier avantageusement, et de ne prendre les armes qu'à propos, enfin tout ce que le génie put inventer de moyens, légitimes ou non ; c'est ce qui contribua principalement à ses succès. Il trouva des mines d'or en Macédoine : il les employa sans cesse à se faire des partisans, prêts à lui vendre leur patrie : *Aucune forteresse n'est imprenable*, disait-il, *pourvu qu'un mulet chargé d'or puisse y monter*. Telle est la force des richesses dans les siècles de corruption.

Ses premières entreprises.

Philippe voulait s'agrandir et dominer sur la Grèce. Il devait réussir dans ses projets, parce qu'il suivait avec autant de prudence que de vigueur, un plan de politique, au lieu que les Grecs n'en avaient aucun. Amphibolis, colonie athénienne dont il s'empara, devint pour lui une barrière contre leurs incursions. La Thessalie était opprimée par des tyrans : il la délivra de leur joug ; et dès-lors la cavalerie thessalienne, jointe à sa phalange, lui donna beaucoup de supériorité. Il soumit quelques villes importantes de Thrace.

Il voulait sur-tout posséder Olynthe qui était une colonie considérable d'Athènes. Il l'assiégea. Les Athéniens envoient des secours insuffisans. Deux traîtres livrent Olynthe. Philippe savait profiter de la trahison, quoiqu'il en méprisât les auteurs. Ces traîtres, que les Macédoniens outrageaient de paroles, lui demandant justice, ne reçurent de lui qu'une réponse piquante : *Que vous importent*, leur dit-il, *les propos des gens grossiers qui nomment chaque chose par son nom ?* Ils n'avaient rien à répondre, puisque leur crime les couvrait d'opprobre.

Comment il s'empara d'Olynthe.

Le plus redoutable ennemi de Philippe, fut l'orateur Démosthène. Jamais homme ne porta plus haut le talent de l'éloquence. C'était le moyen d'exercer une sorte d'empire dans la république d'Athènes ; ainsi tout excitait à le cultiver. Cet orateur était né avec une voix faible et un défaut de langue. Il fut hué la première fois qu'il harangua. Un comédien le consola, en lui fesant voir que le succès dépendait beaucoup de l'action, ou de la manière de prononcer un discours, et qu'il pouvait se corriger et se perfectionner

Démosthène.

par le travail. Il se retira dans un souterrain ; il s'exerça sans relâche des mois entiers. Tantôt il allait déclamer au bord de la mer, pour s'accoutumer au bruit des assemblées, tantôt il déclamait en marchant, en grimpant, avec des petits cailloux dans la bouche, pour se délier la langue. Enfin il força la nature ; il excella dans l'action, comme par la force du raisonnement et par le talent d'émouvoir. Il foudroyait ses adversaires ; sa véhémence entraînait le peuple. Ennemi déclaré de Philippe, il traversa tous ses desseins.

Excite les Athéniens à la guerre. — Si Démosthène était né dans un siècle où l'on eût conservé la passion de la gloire et des grandes entreprises, il aurait probablement opposé une barrière insurmontable à l'ambitieux Macédonien. Mais Athènes avait entièrement dégénéré. Une multitude d'ames vénales se livraient à la corruption ; les magistratures s'acquéraient par l'intrigue ou par des bassesses ; les citoyens s'endormaient dans le repos, et des soldats mercenaires combattaient pour eux ; le peuple était content, pourvu qu'on lui donnât des louanges et des spectacles ; les représentations de quelques tragédies coûtaient plus d'argent que n'en avait coûté autrefois la guerre contre les Perses.

Raisons pour lesquelles il ne put réussir. — On défendit, sous peine de mort, d'interrompre, même en temps de guerre, les distributions qui se fesaient pour les jeux. Démosthène attaqua deux fois indirectement cet abus énorme, en demandant qu'on examinât et qu'on abolît les lois abusives et pernicieuses. Son éloquence ne put l'obtenir. Il devait donc juger qu'Athènes n'était plus capable de grands efforts, ni d'une constance à toute épreuve. Il fut plus ardent que sage, en l'excitant contre Philippe, et ses conseils eurent des suites funestes, parce qu'ils ne convenaient point aux circonstances.

Philippe trouva enfin l'occasion de pénétrer dans la Grèce. Une guerre, qu'on appela *sacrée*, la déchirait depuis dix ans. Un prétexte de religion en était la cause. Les Phocéens, voisins du temple de Delphes, avaient labouré quelques terres consacrées à Apollon. Les autres peuples du voisinage avaient pris les armes pour venger le dieu, et le conseil des amphictyons, en condamnant les Phocéens comme sacrilège, avait encore échauffé ce fanatisme. Cependant Sparte et Athènes entrèrent dans leur parti. Thèbes était dans l'autre. On se battait avec fureur; on massacrait les prisonniers.

Le roi de Macédoine paraissait neutre, mais attendait le moment de profiter de la discorde. Les Thébains lui demandent du secours, et il se déclare. Il arrive aux Thermopyles, se rend maître de ce passage, entre dans la Phocide, et ne trouve point de résistance. Il finit, sans combat, la guerre *sacrée*; il se fait ainsi une réputation de prince religieux, réputation très-favorable à sa politique; il dicte au conseil des amphictyons une sentence contre les Phocéens, par laquelle on les exclut de ce conseil : il demande et obtient leur place; il obtient encore l'intendance des jeux pythiques , enlevée aux Corinthiens , parce qu'ils avaient soutenu les sacrilèges. Le voilà, comme il l'ambitionnait, devenu l'arbitre de la Grèce.

CHAPITRE XVI.

Fin du règne de Philippe. Phocion opposé à Démosthène.

Nouvelles entreprises de Philippe.

EN se faisant respecter des Grecs , Philippe avait surmonté le plus grand obstacle qu'il eût à craindre. Il dissimula encore ses projets ; il retourna en Macédoine pour attendre les occasions. De nouvelles conquêtes autour de ses états le fortifièrent et l'enhardirent davantage. Il s'empara enfin d'une partie de l'isle d'Eubée , qu'il appelait les *entraves de la guerre* , parce qu'elle touche presque au continent. Démosthène excita contre lui les Athéniens par ses éloquentes Philippiques.

Démosthène agit contre lui.

Mais Philippe ne laissa pas d'assiéger Byzance , dans la vue d'affamer Athènes , qui tirait de Thrace presque tous ses vivres. En même-temps il s'efforça de persuader qu'il observait religieusement les traités , et qu'on les violait à son égard. Il reprocha sur-tout aux Athéniens de solliciter contre lui la cour de Perse. Démosthène les avait réellement engagés à cette démarche humiliante. L'orateur ne cessa d'invectiver, jusqu'à ce qu'il eût fait prendre les armes. A l'entendre, Philippe était perdu. On envoya du secours aux Byzantins, sous les ordres de Charès, général si décrié, qu'ils ne voulurent pas le recevoir

Athènes possédait cependant un homme admirable, et par ses talens, et par ses vertus. C'était Phocion, vrai philosophe, habile général, orateur nerveux, sage politique. Démosthène auquel il s'opposait souvent avec succès, le nommait *la coignée de ses discours.* Loin de flatter les Athéniens, il heurtait presque toujours leurs sentimens. Un jour qu'il fut applaudi de tout le monde : *N'ai-je point lâché quelque sottise,* dit-il à un de ses amis ? tant il connaissait la frivolité de ce peuple ?

Phocion conseilla toujours la paix, parce qu'il prévoyait que la guerre ne produirait que des malheurs. Il ne laissa pas de commander presque toujours les armées, parce qu'on sentait le besoin qu'on avait de lui. Il fut envoyé à la place de Charès. Les Athéniens parurent d'autres hommes sous ses ordres. Philippe eut la prudence de se retirer, et les villes de Thrace, qu'il menaçait, échappèrent au péril. Mais la superstition ralluma une nouvelle guerre *sacrée,* qui le conduisit à son but. Il obtint, par le moyen de ses pensionnaires, la qualité de général des Grecs contre les profanateurs des terres de Delphes. Il parut bientôt, et s'empara d'Elatée, la plus forte place de la Phocide.

Comme Thèbes était dans le voisinage d'Elatée, il pouvait en faire aussi la conquête. Démosthène persuada aux Athéniens qu'il s'y préparait ; il échauffa leur imagination, et quoique les Thébains fussent leurs ennemis, alliés même de Philippe, il inspira la résolution de s'unir à eux contre ce prince. On le chargea de négocier l'alliance. Il se rendit à Thèbes, il communiqua son enthousiasme aux Thébains, et conclut le traité.

Ce que pensait alors Phocion.

Un insolent demandant alors à Phocion, s'il osait bien encore parler de paix : *Oui, je l'ose,* répondit le sage Athénien ; *et je sais pourtant que tu m'obéirais pendant la guerre, et que je te serais soumis pendant la paix.* Démosthène s'applaudissait de ce que la guerre se ferait en Béotie, et non en Attique. Phocion dit là-dessus : *Il faudrait penser aux moyens de vaincre, plutôt qu'au lieu où l'on doit combattre ; car si nous sommes vaincus, tous les malheurs sont à nos portes.* Mais on n'écoutait plus la prudence ; on se précipitait dans le danger. Quelques oracles sinistres ne refroidirent point cette ardeur. Démosthène le tourna en ridicule, disant que la prêtresse d'Apollon *philippisait.* Ce mot aurait paru une impiété dans la bouche de Socrate.

Avant J. C. 338.

Succès de cette guerre.

Les Athéniens vont en hâte joindre les Thébains. Philippe ayant offert inutilement la paix, pénètre en Béotie. On combat près de Chéronée, avec des forces presqu'égales. Le jeune Alexandre, fils du roi de Macédoine, enfonce le bataillon *sacré* de Thèbes. Un des généraux d'Athènes enfonce de son côté quelques troupes, et les poursuit en désordre, comme si la bataille était gagnée.

Les Athéniens ne savent pas vaincre, dit Philippe, à la vue de cette imprudence. Il fait avancer sa phalange, tombe sur l'ennemi, qui se croyait hors de tout danger, et remporte une victoire décisive.

Démosthène, aussi lâche guerrier qu'ardent orateur, jeta ses armes en fuyant. Phocion n'avait pas le commandement de cette armée, et ce fut encore une grande faute des Athéniens. La manière dont Philippe traita les vaincus, augmenta la gloire de son triomphe. Il renvoya les prisonniers d'Athènes sans rançon ; il renouvela l'ancien traité avec la république ; il accorda la paix aux Thébains, en laissant néanmoins garnison dans leur capitale. Combien n'était-il pas supérieur à ces Grecs, qui l'avaient méprisé comme un barbare, et qui avaient exercé les uns envers les autres tant d'horribles barbaries !

Philippe dominait en Grèce. Son ambition, sa politique, et peut-être l'amour de la gloire, lui inspirèrent une entreprise dont lui seul alors était capable. Il résolut de tourner ses armes contre les Perses : il espéra de renverser ou de démembrer leur empire. Il engagea les Grecs dans cette expédition, propre à flatter leur orgueil ; il s'en fit nommer le chef. L'oracle consulté, selon la coutume, répondit en termes ambigus. *Le taureau est déjà couronné, sa fin s'approche, et il va bientôt être immolé.* Philippe crut, ou plutôt persuada que cet oracle annonçait la ruine du roi de Perse.

Il se hâta de célébrer le mariage de sa fille

Suite du combat de Chéronée

Résolution de Philippe contre les Perses.

Avant J. C. 336.

Cléopâtre, afin de n'être plus occupé que de la guerre d'Asie. Mais au milieu des fêtes, *Sa mort.* il fut assassiné publiquement par Pausanias, jeune seigneur qu'un oncle de Cléopâtre avait offensé, et qui n'avait pu obtenir justice. Telle fut la fin de Philippe, après un règne de vingt-quatre ans. On lui reproche des vices honteux, l'intempérance, la débauche, la perfidie. Il y joignait de qualités rares, sans lesquelles il n'aurait pu réussir, un génie profond, une prudence consommée, un courage invincible, et plusieurs traits de sa vie méritent d'être cités pour modèles.

Son caractère. On le pressait de chasser un honnête homme qui lui fesait des reproches : *Voyons auparavant*, dit-il, *si nous ne lui en avons pas donné sujet.* Ce hardi censeur était pauvre ; il le secourut, et les reproches se changèrent en louanges. Philippe observa *qu'il dépend des princes de se faire aimer ou haïr.* Un prisonnier, qui allait être vendu, l'ayant de même blâmé hautement, il lui fit rendre la liberté, en disant : *J'ignorais que cet homme fût de mes amis.* Il avait condamné une femme au sortir d'un grand festin. Elle s'écria : *J'en appelle à Philippe à jeûn.* Il examina de nouveau l'affaire, connut qu'il avait tort, et répara son injustice. L'éducation de son fils Alexandre lui parut ne devoir être confiée qu'au plus grand philosophe de son siècle. Il écrivit donc à Aristote : *J'ai un fils ; je remercie moins les dieux de me l'avoir donné, que de l'avoir fait naître du temps d'Aristote. Je me flatte que vous le rendrez digne de*
me

me succéder et de gouverner la Macédoine.
Avec de pareils sentimens, Philippe devait
être cher à ses sujets. Avec ses talens militaires et politiques, il devait fonder une puissance formidable. Il prouva qu'un royaume
bien gouverné est fort supérieur à de mauvaises républiques.

CHAPITRE XVII.

Règne d'Alexandre jusqu'à la bataille d'Arbelles.

LA jeunesse d'Alexandre annonçait de *Caractère d'Alexandre.*
grandes choses. Il avait appris de son père
et d'Aristote tout ce qui pouvait élever son
ame et son génie, naturellement portés à la
gloire. Il montra bientôt sa passion pour celle
des armes. L'Iliade d'Homère fesait ses dé-
lices, parce qu'il y trouvait les combats des
anciens héros. On le vit quelquefois soupi-
rer, au récit des exploits de Philippe : *Mon
père prendra tout*, disait-il à un de ses amis,
et ne nous laissera rien à faire. Entretenant
un jour des ambassadeurs du roi de Perse, il
ne pensa point à s'informer des magnificen-
ces, ni des plaisirs de l'Asie ; il s'informa de
la distance des lieux, des forces de la nation,
de la nature du gouvernement, de la conduite du monarque. Les ambassadeurs tout
étonnés se disaient entr'eux : *Ce jeune prince
est grand ; le nôtre est riche.* Le courage,
l'ambition, la politique, le goût des entre-

K

prises périlleuses, pouvaient déjà se démêler dans son caractère. Il s'était signalé plus d'une fois sous les drapeaux de Philippe. Agé de vingt ans, lorsqu'il montait sur le trône, il était en état de se faire craindre et admirer.

Sentiment d'Athènes à la mort de Philippe.

Athènes se livra indécemment à des excès de joie, en apprenant la mort de Philippe, et Démosthène, en particulier, n'eut pas honte d'en donner l'exemple. Il fit remercier solennellement les dieux ; il fit décerner une couronne à Pausanias, le meurtrier de ce roi. Ensuite il anima les Grecs contre un *enfant*, un *imbécile* (c'est ainsi qu'il appelait Alexandre), dont le royaume menaçait ruine. Les peuples soumis par le père, soit Grecs, soit Barbares, crurent s'affranchir aisément de la domination du fils. Ils prirent les armes.

Alexandre dissipe ses ennemis.

Les Macédoniens, effrayés de leurs mouvemens, conseillaient au jeune prince d'employer les voies de négociation et de douceur. Mais il sentait ses forces, il résolut de dissiper ses ennemis par les armes. Les Thraces, les Illyriens et autres barbares, furent bientôt punis de leur révolte. Alexandre parut ensuite devant Thèbes, qui avait massacré en partie la garnison macédonienne. Il offrit le

Avant J. C. 336.

pardon aux Thébains, pourvu qu'on lui livrât les coupables. Les Thébains refusèrent, voulurent combattre, et furent vaincus. Le vainqueur abandonna la ville au pillage, ne laissa la liberté qu'aux prêtres et aux descendans du poëte Pindare : il l'accorda aussi à une femme qui s'était vengée, par la mort d'un de ses officiers, d'une violence qu'elle en avait reçue.

Les Athéniens tremblant à cette nouvelle, lui envoyèrent demander la paix. Démosthène fut de l'ambassade. La peur le saisit en chemin, au point qu'il se sépara de ses collègues. Tant les plus hardis en paroles sont quelquefois réellement les plus timides ! Alexandre ne voulait pas détruire Athènes, si célèbre par ses grands hommes et par les monumens du génie. Il lui pardonna, sans exiger autre chose que le bannissement d'un factieux, nommé Charidème. Conduite des Athéniens après la prise de Thèbes.

Cette seule campagne l'ayant rendu aussi puissant que son père, il assembla à Corinthe les députés de toutes les républiques ; il leur proposa le grand dessein de subjuguer l'empire des Perses ; il se fit nommer le chef de l'expédition. Les principaux citoyens, et même les philosophes, vinrent alors le féliciter. Diogène le Cynique, fameux par son mépris des richesses et des bienséances, fut le seul qui ne parut point. Alexandre alla le voir. Témoin de la fière indépendance de cet homme, il dit, selon quelques historiens : *Si je n'étais pas Alexandre, je voudrais être Diogène.* Un tel sentiment aurait dû paraître déraisonnable ; car la philosophie est fausse ou ridicule, quand elle brave les principes et les devoirs de la société. Celle d'Alexandre à la fin de cette campagne.

Alexandre retourna dans son royaume pour faire les préparatifs. Il refusa de se marier, craignant de perdre le temps à des nôces. Il prodigua les largesses à ses officiers. Un d'eux lui demanda ce qu'il se réservait donc ? *L'espérance*, répondit-il. Antipater fut chargé Ses préparatifs pour la conquête d'Asie.

de garder la Macédoine avec treize mille hommes. Le roi n'en avait que trente-cinq mille dans son armée, mais excellentes troupes, sous les ordres de vieux capitaines. Il partit sans autres fonds que soixante et dix talens, et des vivres pour un mois. Il comptait sur sa fortune et sur la faiblesse de l'ennemi.

Etat de l'empire des Perses

Depuis long-temps, en effet, l'empire des Perses menaçait ruine. Son excessive étendue, les vices du gouvernement, l'esclavage des peuples, la dépravation des princes, devaient faciliter sa destruction. Les satrapes, trop éloignés de la cour, étaient presque des souverains indépendans. La cour était un théâtre de crimes et de révolutions. Ochus, successeur d'Artaxerxès, avait fait couler le sang de ses propres frères et de sa sœur. L'eunuque Bagoas l'assassina, mit à sa place Arsès, qu'il assassina de même; et à la place d'Arsès il mit Darius-Codoman, qu'il aurait aussi assassiné, si ce prince ne l'avait prévenu. Darius régnait lorsque Alexandre passa en Asie.

Avant J. C. 334.

Comment Alexandre commença cette guerre.

Ce héros, après avoir honoré en Phrygie le tombeau d'Achille, passa le Granique en présence des ennemis, et les mit en fuite. C'était une action très-hasardeuse, mais qu'il jugea nécessaire pour inspirer la terreur : le succès justifia sa témérité.

Conseils de Memnon de Rhodes.

Memnon de Rhodes, le meilleur général de Darius, avait conseillé inutilement d'éviter le combat et de ruiner le pays, afin que les Grecs manquassent de subsistances. Si le satrape de Phrygie avait voulu le croire, l'armée d'Alexandre devait se détruire d'elle-même. Il conseilla ensuite de porter la guerre en Macédoine, pour obliger le vainqueur d'aller défendre ses propres états. Darius y consentit, et chargea Memnon d'exécuter le projet. Mais ce général périt dans un siége : sa mort fit abandonner le seul moyen de salut.

L'Asie-mineure fut soumise en peu de temps. On franchit les défilés de Cilicie, où les Perses n'osèrent se montrer ; on s'empara des richesses de Tarse, ville opulente, où ils commençaient à mettre le feu. C'est là qu'Alexandre, couvert de sueur, se baigna imprudemment dans le Cydnus. Il en sortit avec une maladie aiguë qui fit trembler pour ses jours. On lui avait écrit faussement que Philippe, son médecin, voulait l'empoisonner. Il lui montra la lettre, et avala une potion que Philippe lui présentait. Cette fermeté d'ame contribua beaucoup à sa guérison. *Ce qui arriva à Alexandre à Tarse.*

Darius s'avançait pour combattre. Au lieu d'attendre les Grecs dans les plaines d'Assyrie, où il aurait pu déployer contr'eux toutes ses troupes, il s'engagea dans un défilé où elles ne pouvaient agir. Sa confiance aveugle lui fit rejeter les bons conseils. A quels malheurs ne l'exposait-elle pas ? la bataille d'Issus lui apprit qu'une armée innombrable, mal disciplinée et mal conduite, n'est rien contre de bons soldats, commandés par un héros et par d'excellens capitaines. Trente mille Grecs qu'il avait à sa solde, disputèrent seuls la victoire. Alexandre les enfonça, après avoir dissipé le reste. *Conduite de Darius.*

K 3

Ce que fit Alexandre après sa victoire.

Darius montra du moins de la valeur, il ne prit la fuite que lorsque les chevaux de son char eurent été percés de coups. Sa perte fut, dit-on, de cent dix mille hommes. Sa mère, sa femme, ses enfans, furent prisonniers. Alexandre alla les consoler et les traita généreusement. Sigygambis, mère de Darius, le voyant entrer avec Ephestion, son favori, se jeta aux pieds de cet officier, qu'elle prenait pour le roi. Avertie de sa méprise, elle craignit de l'avoir offensé : *Non, ma mère*, lui dit ce prince, *vous ne vous êtes pas trompée, car il est aussi Alexandre.*

Suite de la bataille d'Issus.

L'historien Quinte-Curce rapporte plusieurs traits pareils, qu'on doit révoquer en doute, parce qu'il est peu véridique. Craignons de mêler la fable à l'histoire, et suivons la marche du conquérant. Après la bataille d'Issus, il passe en Syrie. Un de ses généraux prend Damas, où les trésors de Darius étaient renfermés. Il y avait, dit-on, plus de trois cens femmes, et plus de quatre cens officiers destinés à ses plaisirs et à son luxe ; il y avait de quoi charger de butin sept mille bêtes de somme. Voilà ce qui rendait les rois de Perse aussi faibles qu'orgueilleux.

Alexandre ne poursuit pas Darius.

Darius écrivit au vainqueur une lettre pleine de fierté, par laquelle il l'exhortait à finir une guerre injuste, en lui redemandant sa mère, sa femme et ses enfans. Alexandre répondit en maître de l'Asie, qu'il voulait être reconnu pour tel. Cependant il ne poursuivit pas alors les Perses. Il marcha vers Tyr, peut-être dans la vue de s'assurer l'empire de

la mer et de contenir les Grecs : car il avait
lieu de les soupçonner de mauvais dessein ,
puisqu'on avait trouvé à Damas des ambassadeurs d'Athènes , de Sparte et de Thèbes.
Il se présenta comme pour faire un sacrifice
à Hercule. Les Tyriens lui fermèrent leurs
portes , et il entreprit de les forcer.

L'ancienne Tyr , cette ville célèbre de
Phénicie , n'existait plus. La nouvelle était
bâtie dans une isle , vis-à-vis des ruines de
l'ancienne. Elle paraissait imprenable sans
flotte. Alexandre , qu'aucun obstacle ne re-
butait , voulut joindre l'isle au continent par
une chaussée qui la rendit accessible. A force
de travaux , l'ouvrage avançait. Les Tyriens
et les flots le détruisirent. On recommença
sans perdre courage. Quelques peuples de la
côte , sur-tout les Sidoniens qu'Alexandre
avait traités favorablement , lui fournirent
enfin des vaisseaux. Il pressa le siége. Toutes
sortes de machines de guerre y furent em-
ployées de part et d'autre. Après sept mois de
résistance opiniâtre , la ville fut prise d'assaut.
On massacra environ huit mille Tyriens ;
les prisonniers , au nombre de trente mille ,
furent vendus ; et le conquérant souillé de
carnage , fit son sacrifice à Hercule.

Selon Josephe , historien juif , il allait
traiter de même Jérusalem ; mais à la vue du
grand prêtre qui lui était autrefois apparu
en songe , et lui avait promis la conquête de
l'Asie , il se prosterna pour adorer le nom
de Dieu écrit sur ses ornemens pontificaux.
L'écriture , ni les autres histoires ne confir-
ment point ce récit.

Histoire d'Abdolonyme.

L'histoire d'Abdolonyme, racontée par Quinte-Curce, n'est pas moins douteuse. Cet Abdolonyme, selon lui, né du sang royal de Sidon, était réduit à vivre de son travail en cultivant un jardin. Le roi Straton ayant été détrôné comme partisan de Darius, la couronne lui fut offerte. Il ne l'accepta qu'avec répugnance. Alexandre lui demanda comment il avait supporté la misère. *Plaise aux dieux*, répondit-il, *que je puisse soutenir la royauté avec la même force ! Ces mains ont fourni à tous mes désirs. Sans rien avoir, rien ne m'a manqué.* C'est du moins un trait de morale instructif.

Siège de Gaza.

Alexandre prit la ville de Gaza, courageusement défendue par Bétis. Soit colère, soit orgueil, ou cruelle politique, il s'y vengea encore d'une manière atroce. Dix mille hommes furent passés au fil de l'épée, tout le reste vendu, même les femmes et les enfans ; et le brave Bétis, attaché par les talons à un char, traîné autour de la ville, jusqu'à ce qu'il expirât. Alexandre se glorifiait d'imiter Achille par une telle atrocité.

Ce qu'il fit en Egypte.

Il passa en Egypte. Les Perses s'y étaient rendus odieux, sur-tout en méprisant la religion du pays. Il fut reçu en libérateur ; et pour faire aimer sa domination, il permit aux Egyptiens de suivre leurs lois et leurs coutumes.

Temple de Jupiter-Ammon.

Une folle vanité le conduisit au temple de Jupiter-Ammon, à travers des sables brûlans, où l'armée de Cambyse avait autrefois péri presque toute entière. Les historiens assurent qu'il s'en tira par une espèce de miracle. Il voulait se faire déclarer fils de Jupiter. L'oracle lui en donna le titre. Sa mère Olympias lui écrivit en plaisantant, *de ne point la brouiller avec Junon.* C'était lui faire entendre combien sa prétendue divinité était ridicule ; mais il croyait sans doute qu'elle ferait illusion au vulgaire.

Il fonda en Egypte la ville d'Alexandrie, qui devint une des plus florissantes du monde. Par-là il se montrait véritablement un grand homme. Des monumens utiles et durables procurent autant de gloire, que des conquêtes destructives doivent inspirer d'horreur.

Fondation d'Alexandrie.

CHAPITRE XVIII.

Fin du règne d'Alexandre.

Darius avait envoyé de nouveaux ambassadeurs, pour offrir à Alexandre sa fille en mariage, avec toutes les provinces situées entre l'Euphrate et l'Hellespont. Il semble que la sagesse ne permettait pas de refuser. Parménion dit qu'il accepterait s'il était Alexandre. *Et moi aussi*, répliqua le roi, *si j'étais Parménion.* Il rejeta ses offres avec dédain, voulant tout avoir, et s'exposant ainsi à tout perdre. Darius eut le temps de rassembler sept à huit cens mille hommes.

Comment Alexandre reçut les propositions faites par Darius.

Son ennemi passa l'Euphrate et le Tigre sans obstacle. Les deux armées combattirent à Arbelles. L'aîle gauche des Macédoniens

Avant J. C. 331.

Bataille d'Arbelles.

fut en péril. La cavalerie des Perses pillait même déjà le camp ; Alexandre, victorieux de l'aîle droite, envoya ordre de ne point s'inquiéter du bagage, et de ne penser qu'à vaincre. En conséquence, on redoubla les efforts, on les dirigea au point essentiel. La victoire fut bientôt complète, et coûta moins de douze cens hommes. Darius en perdit près de trois cent mille. Il fut entraîné par la fuite de ses troupes ; il fut assassiné par Bessus, un de ses satrapes. Terrible sort d'un monarque si puissant, et plus estimable qu'aucun de ses prédécesseurs ! En lui finit l'empire des Perses.

Alexandre corrompu par la fortune

Ce conquérant, maître des principales villes, y trouva des richesses immenses, qui corrompirent les Macédoniens, comme elles avaient corrompu leurs ennemis. Il éprouva lui-même le poison de la fortune ; il se livra aux excès de la débauche, du faste et de l'ingratitude. Le palais des rois à Persépolis fut réduit en cendres. On prétend qu'il ordonna cette barbarie dans une partie de débauche. Les Macédoniens le virent avec indignation quitter leur habillement, pour se revêtir de la pompe asiatique ; ils le virent s'oublier jusqu'à prétendre aux adorations de ses sujets.

Mort de Philotas et de Parménion.

Une conspiration se forme dans le camp. Philotas, fils de Parménion, en est averti ; mais la croyant fausse, il néglige d'en parler. Le roi le fait exécuter comme un traître. Parménion qui avait eu l'estime de Philippe, Parménion à qui Alexandre était redevable d'une partie de ses succès, est ensuite assassiné par ses ordres. Il conserve cependant un tel empire sur ses soldats, qu'il désarme d'une parole les séditieux. Bessus avait pris le titre de roi dans la Bactriane et dans la Sogdiane, provinces du nord. Alexandre l'y poursuit, et le meurtrier de Darius périt à son tour. Les Scythes même sont vaincus. Les détails de tant d'expéditions seraient inutiles.

Une grande leçon pour les hommes, c'est l'horreur qui accompagne le meurtre de Clitus. Ce vieux officier avait sauvé Alexandre dans un combat : il en était chéri ; mais il conservait la liberté des anciennes mœurs. Un festin où il la poussa trop loin, fut l'occasion de sa mort. Le roi échauffé par le vin, s'étant mis à vanter ses propres exploits, et à rabaisser ceux de son père Philippe, Clitus ne put contenir son indignation, et l'offensa par des traits de mépris. Alexandre se lève furieux, saisit une javeline, le poursuit, le tue. Le remords et le désespoir suivirent cette action. Enfermé dans sa tente, il ne pouvait plus se souffrir lui-même. Mais les courtisans vinrent à bout de le calmer. On porta la bassesse jusqu'à décider par un décret, que le meurtre de Clitus était un acte de justice. Dès-lors il ne resta presque ni justice, ni liberté.

Le philosophe Calisthène ayant combattu la proposition, faite par un lâche courtisan : de rendre au roi les honneurs divins, devint un rebelle aux yeux de ce prince. On le supposa complice d'une conspiration ; on le jeta dans un cachot sans aucune preuve, il y mourut. Les Macédoniens semblaient tomber sous le joug du despotisme.

Succès de l'expédition d'Alexandre dans les Indes. Si Alexandre avait eu la prudence de son père, il aurait cherché moins à étendre ses conquêtes qu'à les affermir. Mais plus la fortune le favorisait, plus il se laissait aveugler par l'orgueil. Il s'imagina devoir marcher sur les pas d'Hercule et de Bacchus : il voulut subjuguer l'Inde ; il y pénétra en surmontant tous les périls. Un des rois du pays, Taxile, vint lui offrir des présens, et obtint son amitié.

Défaite de Porus. Porus, autre prince, plus fier et plus courageux, se disposait à le repousser. Alexandre passe l'Indus, arrive au bord de l'Hydaspe, au-delà duquel était Porus avec une armée nombreuse. Il trompe l'ennemi par un stratagème, et traverse le fleuve sans être aperçu. Il défait les Indiens, malgré le courage de leur roi, malgré la terreur que devaient causer leurs éléphans, ces monstrueux animaux chargés de guerriers et exercés au combat. Porus lui est amené prisonnier. Le vainqueur lui demande comment il veut qu'on le traite ? *En roi*, répondit-il. *J'y consens pour l'amour de moi-même*, dit Alexandre. En effet, il se l'attacha par un traitement généreux.

Fin de ses conquêtes Après des fatigues et des exploits incroyables, il fut obligé de revenir sur ses pas, les troupes ne voulant plus le suivre dans ces pays inconnus. Il s'embarqua sur l'Indus pour voir l'Océan. Le flux et le reflux épouvanta ses pilotes grecs ; car ils n'avaient pas d'idée

d'un

d'un phénomène si étonnant, quoique naturel. Il visita néanmoins deux petites isles pour satisfaire sa curiosité. C'est tout ce que lui valut son entreprise sur l'Inde.

On raconte qu'il avait dit en passant l'Hydaspe : *O Athéniens ! croiriez-vous que je m'exposasse à tant de périls pour mériter vos louanges ?* On assure qu'il désirait de pouvoir être témoin de l'impression que ferait après sa mort la lecture de son histoire. La passion de la gloire l'animait certainement, et le soutenait dans des entreprises si prodigieuses. Mais il oubliait que la véritable gloire consiste à s'immortaliser par des choses louables, par des entreprises utiles. Un furieux, nommé Erostrate, avait brûlé le temple d'Ephèse, une des merveilles du monde, pour rendre son nom immortel. Un conquérant qui ne ferait que ravager et détruire, mériterait la célébrité de cet Erostrate.

Tandis qu'Alexandre parcourait l'Inde, les désordres se multiplièrent dans la Perse. A son retour, il fallut punir des gouverneurs corrompus, et réprimer des séditions de troupes. Il épousa deux princesses du sang royal, dont l'une était Roxane. Pour unir les deux peuples, il engagea les Macédoniens à de pareilles alliances. Cette politique était nécessaire. Il conçut de grands projets de marine et de commerce. Il voulait creuser à Babylone un bassin pour une flotte nombreuse. Il descendit encore à l'Océan par le fleuve Eulée. Mais il touchait au terme fatal.

Des excès de table avaient causé la mort

L

Ce qu'il dit en passant l'Hydaspe.

Son retour à Babylone.

Avant J. C. 323.

Sa mort. d'Ephestion. Cet exemple ne l'ayant pas rendu plus sobre, il mourut de la même manière à Babylone, âgé de trente-trois ans. Sa maladie fut longue, et lui laissa le temps de montrer une faiblesse superstitieuse. Il se livra en quelque manière aux prêtres astrologues dont il avait méprisé auparavant les prédictions. Il ne voulut point désigner son successeur; il dit qu'il laissait l'empire *au plus digne*, ajoutant qu'on lui ferait des funérailles sanglantes. Les guerres civiles et le démembrement de ses états devaient être le fruit de tant de conquêtes.

CHAPITRE XIX.

Affaires d'Athènes et de Macédoine.

Ce qui se passa en Grèce pendant l'absence d'Alexandre.
PENDANT les expéditions d'Alexandre, la Grèce fit quelques mouvemens pour reprendre son ancienne liberté. Sparte souleva le Péloponnèse; mais Antipater dissipa bientôt cette ligue par une grande victoire. Harpale, gouverneur de Babylone, qui s'était rendu coupable d'injustices et de concussions, se réfugia ensuite à Athènes avec d'immenses trésors, lorsque Alexandre revenait de l'Inde. Il tâcha de gagner, à force d'argent, les orateurs qui pouvaient lui concilier le peuple. Il trouva Phocion incorruptible. Démosthène, au contraire, se laissa corrompre; et sa prévarication fut telle, que l'aréopage le condamna. Cependant les Athéniens ne chassè-

rent Harpale, que par la crainte qu'Alexandre ne vînt les punir de l'avoir reçu.

Au premier bruit de la mort de ce monarque, ils font éclater leur joie ; ils ne respirent que la guerre. En vain Phocion les exhorte à délibérer mûrement. Ils députent à tous les peuples de la Grèce, pour les inviter à une ligue. Démosthène, alors exilé, y entraîne ceux du Péloponnèse. On le rappelle glorieusement de son exil ; on le comble d'honneurs ; on prend les armes contre les Macédoniens. On eut d'abord quelques succès qui augmentèrent la confiance ; Phocion en prévoyait les suites, et disait : *Quand cesserons-nous de vaincre ?*

Les alliés ayant essuyé un revers, firent la paix sans Athènes : elle subit bientôt la loi. Antipater fit payer les frais de la guerre, abolit la démocratie, mit garnison dans le port. Démosthène devait lui être livré, mais il prit la fuite, et s'empoisonna, de peur de tomber entre ses mains. Les Athéniens lui érigèrent une statue, dont l'inscription portait : *Démosthène, si tu avais eu autant de force que de jugement, jamais le Mars, macédonien n'aurait dominé la Grèce.* L'audace imprudente de cet orateur avait cependant attiré en grande partie les malheurs publics. Si on avait eu la sagesse d'attendre les occasions, on en aurait trouvé de favorables.

Les capitaines d'Alexandre, gouverneurs de grandes provinces, ne restèrent pas longtemps unis. Ils avaient reconnu pour ses successeurs un enfant qui venait de naître de

Roxane, et un frère d'Alexandre, incapables du gouvernement. Perdicas, dépositaire de l'anneau royal, davait gouverner au nom de ces deux princes. La jalousie arma contre lui ses anciens collègues. La régence passa d'une main à l'autre, sans que l'autorité du régent fût capable de réprimer l'indépendance. Polysperchon qui en fut revêtu après Perdiccas et Antipater, voulant s'attacher les Grecs, rétablit le gouvernement de leurs villes, la démocratie d'Athènes en particulier. Son décret donna lieu aux Athéniens de renouveler leurs injustices.

Cause de la haine des Athéniens contre Phocion.

Personne n'était aussi respectable que Phocion. Sa vertu, sa vieillesse, ses services, tout parlait en sa faveur, mais il était partisan de l'aristocratie, parce qu'il la croyait nécessaire pour prévenir les excès et les égaremens du peuple. Aristide avait pensé de même : l'expérience prouvait assez qu'il fallait ce frein à la fougue populaire. On n'en fut pas moins irrité contre Phocion. Des harangueurs impudens se déchaînent contre lui, le rendent suspect, lui font ôter le commandement de l'armée.

Sa mort.

On l'accuse de trahison, on le condamne dans une assemblée tumultueuse ; on lui donne, selon la coutume, le choix de la peine qu'il doit subir. Il demande la mort, pourvu qu'on épargne d'autres innocens accusés de même. Tous sont condamnés à la ciguë. Phocion, avant de la boire, donna un ordre pour son fils ; ce fut d'oublier l'injustice des Athéniens. Ceux-ci lui érigèrent ensuite une statue ; car la honte et le repentir suivaient toujours des jugemens si odieux. Voici un trait de la probité de Phocion. Son gendre ayant été accusé d'avoir reçu de l'argent d'Harpale , il refusa de solliciter pour lui : *Je t'ai fait mon gendre* , lui dit-il , *mais pour les choses honnêtes.* Ce grand homme , dans la pauvreté , fesant lui-même avec sa femme les fonctions ordinaires des domestiques , avait refusé cent talens qu'Alexandre lui offrit. *Il vous chérit comme le seul homme de bien* , lui dirent les envoyés du monarque. *Qu'il me laisse donc être tel et le paraître* , répondit Phocion.

Athènes se livrait à la discorde , sans rien prévoir , sans prendre aucune précaution. Cassandre , rival de Polysperchon , profita de cette imprudence ; il s'empara du port ; il imposa les lois qu'il voulut ; il rétablit l'aristocratie ; il mit à la tête du gouvernement Démétrius de Phalère , homme savant et sage , dont l'administration aurait fait le bonheur des Athéniens , s'ils avaient pu changer de caractère. Il les gouverna dix ans.

Démétrius de Phalère , parvenu au gouvernement d'Athènes.

Mais Démétrius-Poliorcète , fils de l'ambitieux Antigone , qui possédait une partie de l'Asie-mineure , se présenta au port d'Athènes , annonçant que son père l'envoyait rétablir la démocratie. On le reçut avec transport , on l'appela un *dieu sauveur.* On fit un crime à Démétrius de Phalère d'avoir souffert dans la citadelle une garnison macédonienne , comme s'il avait pu et dû l'empêcher. Les statues qu'on lui avait érigées en grand nom-

Sa fin.

bre, furent détruites. Il fut condamné à mort par contumace ; car Poliorcète avait favorisé son évasion. En apprenant l'outrage fait à ses statues : *Au moins ils ne pourront pas*, dit-il, *détruire les vertus qui me les ont procurées.* Il se retira en Egypte, auprès de Ptolémée, et se consola par des travaux littéraires de l'injustice des hommes.

CHAPITRE XX.

Partage de l'empire d'Alexandre. Irruption des Gaulois.

Ce qui se passa entre les capitaines d'Alexandre.

LES principaux capitaines d'Alexandre avaient trop d'ambition, étaient trop jaloux les uns des autres, pour rester tranquilles dans leurs divers gouvernemens. Un roi digne du trône aurait eu beaucoup de peine à les contenir, et deux fantômes du roi ne pouvaient qu'augmenter les troubles avec la licence. Il y eut des guerres d'autant plus affreuses, qu'elles étouffèrent les sentimens de la nature : les détails en seraient inutiles et très-fatigans. Il suffit de savoir que la mère, le frère, le fils, en un mot toute-la famille d'Alexandre, périrent par des meurtres, et que son vaste

Avant J. C. 301.

empire, le fruit de ses victoires, fut déchiré en lambeaux. C'est ce que l'ambition des conquérans a presque toujours produit. La bataille d'Ipsus en Phrygie décida du sort des généraux et des provinces. Antigone, contre qui les autres s'étaient ligués, y perdit la vie.

Les vainqueurs firent un partage : Ptolémée eut l'Egypte, l'Arabie, la Palestine, etc. ; Cassandre, la Macédoine et la Grèce ; Lysimaque, la Thrace, la Bithynie, et quelques autres contrées ; Séleucus, le reste de l'Asie jusqu'au fleuve Indus. Ce dernier royaume fut le plus puissant des quatre. On l'appela le royaume de Syrie, parce qu'Antioche, la capitale, bâtie par Séleucus, était dans cette province.

Après la mort d'Antigone, Démétrius-Poliorcète, son fils, dépouillé presqu'entièrement, se flatta de trouver une ressource dans la reconnaissance des Athéniens ; mais ils fermèrent leurs portes à celui qu'ils avaient appelé un *dieu sauveur*, pour qui ils avaient eu des complaisances d'esclaves : on défendit même, sous peine de mort, de proposer un accommodement avec lui. On fut cependant obligé ensuite de le recevoir, et il se fit du moins honneur par sa modération envers ce peuple ingrat et infidèle.

Cassandre étant mort, ses deux fils se disputèrent le trône de Macédoine. Un d'eux appela Démétrius à son secours ; Démétrius l'assassina, et se fit proclamer roi. Il fut détrôné ensuite par Lysimaque, et mourut, comme il le méritait, fort malheureux. Cependant il avait acquis de la gloire par quelques belles actions : il s'était rendu célèbre par le siége de Rhodes, qui dura un an. Le peintre Protogène, logé dans un faubourg de cette ville, travailla sans inquiétude pendant le siége. Démétrius lui en témoigna sa surprise : *Je savais*, dit-il, *que vous aviez déclaré la guerre aux Rhodiens, et non aux arts.* Ce guerrier l'admira et le protégea.

Ptolémée-Soter.

Au milieu des crimes de l'ambition et des horreurs de la guerre, les lettres, les sciences, les beaux arts pouvaient adoucir les maux du genre humain. Ptolémée-Soter, le plus estimable de tous les successeurs d'Alexandre, procura cet avantage à ses peuples. Il établit le *museum* d'Alexandrie, espèce d'académie savante, qui répandit les lumières en Egypte. Il fonda cette fameuse bibliothèque, qui s'accrut jusqu'au nombre de sept cent mille volumes. Il construisit la superbe tour de Pharos, où des fanaux éclairaient de nuit les navigateurs. Cet ouvrage méritait bien plus d'admiration que les inutiles pyramides des Egyptiens. Les Grecs avaient tiré d'eux leurs premières connaissances ; ils leur en portèrent de nouvelles qui perfectionnèrent les anciennes.

Ptolémée-Philadelphe.

Ptolémée-Philadelphe, fils et successeur de Soter, suivit les traces de son père. Ainsi le commerce et les lumières eurent des progrès rapides ; mais les crimes et les révolutions se renouvelèrent dans les autres monarchies. Lysimaque se rendit exécrable ; ses propres officiers engagèrent Séleucus à prendre les armes contre lui, et il fut tué dans un combat. Séleucus fut ensuite assassiné par Céraunus, qu'il avait comblé de bienfaits. L'ambition de régner, l'abus du pouvoir, les vices des cours, étaient le principe de tous ces maux.

Un déluge de Gaulois qui vint fondre sur la Grèce, pouvait mettre le comble aux calamités publiques. Ce peuple barbare et vaillant, semblait entraîné loin de son pays par une inquiétude naturelle, ou par la passion des conquêtes. On verra dans l'histoire romaine les entreprises qu'il avait déjà faites en Italie. Brennus, un de ses chefs, s'était emparé de Rome. Un autre Brennus passa les Thermopiles, et marcha à Delphes pour piller le temple d'Apollon. *Il est juste, disait-il, que les dieux fassent part de leurs richesses aux hommes, qui en ont plus besoin qu'eux, et en font un meilleur usage.* En insultant ainsi Apollon, il avait de quoi faire trembler ces adorateurs. Heureusement le ciel parut combattre pour eux.

Un orage affreux et un tremblement de terre firent tant d'impression sur les Gaulois, que, frappés d'une terreur panique, ils se tuaient les uns les autres dans les ténèbres de la nuit. Les Grecs saisirent l'occasion, et les taillèrent en pièces. Tous périrent, selon des historiens crédules, qui font monter leur nombre à cent soixante-cinq mille hommes. Une autre armée de Gaulois passa l'Hellespont, et s'engagea au service de Nicomède, roi de Bithynie : ce prince leur donna les pays qu'on a appelé de leur nom, Gallatie ou Gallo-Grèce.

CHAPITRE XXI.

Ligue des Achéens. Agis et Cléomène.

Ce qu'é-
tait la
ligue des
Achéens.

LA Grèce devait être bientôt engloutie dans l'empire romain. Voici les derniers efforts de patriotisme et de courage que nous présente son histoire. Douze villes obscures de l'Achaïe, dans le Péloponnèse, avaient formé très-anciennement une ligue pour leur sûreté commune. Un sénat réglait les affaires ; deux préteurs annuels y présidaient et commandaient les troupes , ayant un conseil de dix personnes , sans lequel ils ne pouvaient rien entreprendre. Cette ligue s'était maintenue sans trouble jusqu'au temps où les rois de Macédoine , successeurs d'Alexandre , changèrent la constitution de presque toute la Grèce. Alors chaque ville eut un tyran ou une garnison étrangère. Mais l'amour de la liberté se réveilla ; on tenta de renouer l'alliance ; les Achéens secouèrent le joug , et un chef habile , augmentant leurs forces , les rendit bientôt respectables.

Avant
J. C. 344

Aratus
chargé du
gouverne-
ment.

Aratus , jeune homme zélé et magnanime, qui venait de délivrer Sicyone , sa patrie , de la tyrannie de Nicoclès , fit entrer cette ville importante dans la confédération. Les confédérés le jugèrent digne du gouvernement. On l'élut seul préteur, et il conserva toujours l'autorité. Il forma le dessein d'affranchir tout le Péloponnèse, d'y rétablir l'ancienne liberté de la Grèce, d'y braver même la puissance des Macédoniens. Il était lent et timide à la tête d'une armée, autant qu'il était admirable pour les coups de main : sans ce défaut, il aurait eu de plus grands succès.

Antigone-Gonatas, fils de Démétrius-Poliorcète, était devenu roi de Macédoine. Il possédait la citadelle de Corinthe, qui dominait, en quelque sorte, les deux côtés de l'Isthme. Avec cette place, il semblait toujours menacer la Grèce entière. Aratus veut la lui enlever ; entreprise extrêmement hardie, mais dont les difficultés n'étonnent point son courage. Un homme s'offre à le conduire au pied de la citadelle par un sentier détourné, pourvu qu'on dépose soixante talens, qui devaient être la récompense de ce service. Pour suppléer au défaut d'une somme si considérable, Aratus engage sa vaisselle, les joyaux de sa femme, tout ce qu'il a de précieux. Il achète, dit Plutarque, le plus grand péril aux dépens de toute sa fortune, sans que personne sache son secret, sans autre gage que l'espérance de servir sa patrie. Un roc escarpé, sur lequel était située la citadelle, paraissait inaccessible. Il y monte cependant, il surprend et chasse la garnison. Les Corinthiens l'honorent comme leur libérateur, et s'associent à la ligue des Achéens. Aratus s'efforça en vain d'y attirer la ville d'Argos ; mais il persuada au tyran de Mégalopolis de se démettre volontairement, et d'unir son peuple à cette confédération.

Une révolution de Sparte changea les affai-

Enlève aux Macédoniens la citadelle de Corinthe.

Agis veut réformer Sparte.

res du Péloponnèse. Il ne restait presque plus de vestige des lois de Lycurgue. Les richesses avaient entièrement corrompu les mœurs. Chacun pouvait disposer de ses biens. L'ancien partage des terres ayant disparu, l'avarice ne connaissait point des bornes ; le peuple gémissait dans la misère, et les travaux mécaniques, devenus nécessaires pour la subsistance, avaient fait abandonner les exercices qui en retenaient le courage et la discipline. Le roi Agis, jeune prince animé de l'enthousiasme de la vertu, entreprit une réforme totale. Voulant rétablir les lois de Lycurgue, il commença par les pratiquer.

Ses premiers succès.

La jeunesse ardente, ou pour le bien, ou pour le mal, entra dans ses vues ; mais ceux qu'une longue habitude avait endurcis, frémissaient à la seule idée d'un changement contraire à leurs passions. Quelques-uns des principaux furent cependant gagnés. On déposa l'autre roi Léonidas, qui s'opposait à la réforme. Agis demandait qu'on ordonnât le partage des terres. Un éphore intéressé le trompa, en lui persuadant de faire abolir les dettes avant tout. Cet éphore était lui-même obéré. Quand les contrats furent brûlés dans la place publique, il dit en riant, *qu'il n'avait jamais vu de feu si beau.* Il trouva ensuite des prétextes pour retarder le partage.

Sa fin tragique.

Sur ces entrefaites, les Achéens, alliés de Sparte, demandent des secours contre les Étoliens. Agis part avec les troupes ; il fait admirer l'ancienne discipline de sa patrie : mais on profite de son absence pour cabaler

contre

contre lui. A son retour, les factieux étant
les maîtres, Léonidas étant rétabli, on le
traîne en prison comme un criminel. Les
éphores vont l'interroger sur les innovations
qu'il a voulu faire, sur le repentir qu'il doit
en avoir. Il répond que l'appareil même de
la mort ne le ferait pas repentir d'une si
belle entreprise. Alors, sans respect pour la
royauté, on le condamne au supplice. Un
des exécuteurs versait des larmes. *Cesse de
me plaindre*, lui dit Agis ; *en souffrant une
mort injuste, je suis plus heureux que mes
meurtriers.* Sa mère et son aïeule étaient
venues pour le voir dans la prison ; ces barbares les font entrer, et on les étrangle sur
son cadavre. Sparte, souillée de telles horreurs, ne paraît plus qu'une caverne de bri-
gands. Léonidas mourut peu après.

Cléomène son fils, avait épousé la veuve
d'Agis. Cette princesse qu'il aimait l'excita
vivement à exécuter la réforme. Il l'entreprit,
quoiqu'il eût moins de vertu que d'ambition.
Peut-être ne vit-il que ce moyen d'acquérir
de la gloire et de la puissance.

Pour arriver à son but, il avait besoin
d'employer la force ; car les esprits n'étaient
nullement disposés à la persuasion. Quelques
hostilités des Achéens, qui voulaient obliger
Sparte d'entrer dans leur ligue, lui fournirent un prétexte de prendre les armes. Avec
cinq mille hommes seulement, il leur présente la bataille. Aratus se retira, quoiqu'il
en eût vingt mille. Fier de ce premier succès,
Cléomène répétait l'ancien mot d'un roi de

Sparte : *Les Spartiates ne demandent point quel est le nombre des ennemis , mais où ils sont.* Il remporta ensuite une victoire , qui augmenta sa confiance.

Réforme qu'il exécute à son retour.

A son retour , il employa la violence contre ceux dont les oppositions étaient à craindre. Les éphores furent massacrés : quatre-vingts citoyens furent bannis. On pouvait dès-lors dominer sur les suffrages ; mais des voies si odieuses pouvaient-elles inspirer l'amour des lois et du bien public ? Cléomène mit le premier ses biens en commun ; ses amis l'imitèrent , et l'on fit le même partage des terres qu'autrefois. Il rétablit les exercices , les repas , tels que du temps de Lycurgue. Il prit pour collègue son frère Euclidas , quoique les deux rois eussent toujours été des deux branches différentes des Héraclides. Par-là il fortifiait son autorité.

Aratus s'unit au roi de Macédoine.

Le grand objet de Cléomène était de reprendre la supériorité , dont Sparte avait joui plusieurs siècles. Il demanda aux Achéens le commandement de leur ligue. Aratus l'aurait eu pour maître , et était d'autant plus éloigné d'y consentir , que ce prince paraissait moins modéré. Prévoyant que les Spartiates l'attaqueraient , et ne se croyant pas assez fort contr'eux , il eut recours au roi de Macédoine , dont il s'était montré l'ennemi implacable. C'était en quelque sorte détruire son propre ouvrage. Mais la ligue achéenne était prête à se dissoudre s'il eût pris un autre parti , tant elle haïssait les Spartiates. Aratus céda donc au temps.

Cléomène s'était déjà emparé de Corinthe, lorsque le roi de Macédoine, Antigone-Doson, fut appelé au secours du Péloponnèse. On lui remit en gage la citadelle de cette ville, qu'Aratus avait enlevée glorieusement à sa couronne. Quelque redoutable que fût cet ennemi, Cléomène s'empara de Mégalopolis, presque sous ses yeux. Cependant il avait peu de ressources ; elles furent bientôt épuisées. Il se vit réduit à défendre la Laconie ; et manquant de vivres et d'argent, il voulut hasarder une bataille décisive à Sélasie : il fut vaincu par Antigone.

Cléomène ne put se soutenir.

Philopémen de Mégalopolis, jeune homme né pour de grandes actions, contribua beaucoup à la victoire, en attaquant un corps de Spartiates contre l'avis des officiers supérieurs, contre les ordres même du roi. Antigone affecta d'en faire des reproches au chef de la troupe. Comme celui-ci rejetait la faute sur Philopémen : *Ce jeune homme, lui dit-il, s'est conduit en grand capitaine, parce qu'il a saisi l'occasion, et vous capitaine, vous avez agi en jeune homme.* Philopémen avait donc interprété les intentions du général. Le succès pouvait seul le justifier aux yeux d'Antigone.

Comment Philopémen se fit connaître.

Cléomène, après sa défaite, conseilla aux Spartiates de recevoir Antigone, à qui l'on ne pouvait résister. Mais ne voulant pas lui-même subir la loi, il s'embarqua pour l'Egypte. Un de ses amis l'exhortait à mourir plutôt volontairement. Il répondit que c'était lâcheté de se tuer, par la crainte d'une fausse

Ce que devint Cléomène après sa défaite.

honte, ou par le désir d'une fausse gloire ;
qu'il se croyait obligé de se réserver pour le
service de la patrie, et qu'il lui serait facile
de mourir quand il aurait perdu toute espérance. Le courage ne lui manqua jamais, la
modération et la prudence lui manquèrent
presque toujours.

Sa mort en Egypte   Il espérait des secours de Ptolémée-Ever-
gète, roi d'Egypte. Ce prince, touché de sa
grandeur d'ame, voulait réellement le secourir ; mais la mort prévint l'exécution de ses
desseins. Ptolémée-Philopator, son successeur, se livra aux plaisirs, et Cléomène fut
abandonné ; il fut même maltraité et gardé
à vue. Alors avec un petit nombse d'amis,
il tenta un coup de désespoir, trompa ses
gardes, courut dans les rues d'Alexandrie,
excita le peuple à la révolte. On ne remua
point. Les Spartiates, au nombre de treize,
ne pouvaient échapper au supplice que par
une mort violente : ils se tuèrent les uns les
autres. Le corps de Cléomène fut attaché à
une croix.

Etat de Sparte.   Tout ce qu'il avait exécuté à Sparte était
détruit. Antigone n'exerça dans cette ville
aucun acte de rigueur, et permit aux citoyens
de se gouverner selon leurs lois. On rétablit
les Ephores. La race des Héraclides s'éteignit
bientôt après. Les Spartiates eurent leurs
tyrans particuliers, comme plusieurs peuples
de la Grèce, et leur ancienne gloire n'exista
plus que dans les livres. Le projet d'Agis et
de Cléomène, de rétablir la législation de
Lycurgue, était chimérique, dans un temps

où la contagion du vice avait fait tant de progrès.

La ligue des Achéens se soutint par la prudence d'Aratus. Il eut toute la confiance d'Antigone-Doson. Il eut au commencement celle de Philippe, successeur de ce prince. Mais la flatterie corrompit bientôt Philippe; la probité d'Aratus lui devint suspecte, et il le fit empoisonner. *Fin d'A-ratus.*

Philopémen, meilleur général que lui, et comparable aux plus grands hommes de la Grèce, devint le héros de la république. Elle conserva l'amour de la liberté, même lorsque Rome commençait à dominer dans la Grèce. Mummius ayant pris Corinthe, ce coup fatal annonça la révolution qui devait rendre tous les Grecs sujets des Romains. Mais la Grèce exerça sur les conquérans du monde un empire, plus glorieux que les conquêtes, l'empire de l'esprit et de la litté-rature. Elle leur fit connaître les vraies beautés de la poésie, de l'éloquence, de l'histoire, de la morale; elle forma les Té-rence, les Cicéron, les Virgile, les Horace, et ces grands hommes qui se distinguèrent par l'urbanité et la science, ainsi que par de sublimes actions. Nous devons nous-même beaucoup aux Grecs, puisqu'ils nous offrent des modèles dans tous les genres de mérite. *Avant J. C. 146.* *Fin de la ligue des Achéens et de la liberté de la Grèce.*

CHAPITRE XXII.

Sur les arts, la littérature et les sciences de la Grèce.

I.

Les Grecs, en acquérant des lumières, connurent bientôt tous les avantages de l'a-
griculture, pour laquelle ils avaient eu au commencement une extrême aversion. Sans les productions de la terre, les autres biens seraient inutiles, comme on le voit par la fable de Midas. Aussi de grands princes, de grands philosophes ont-ils fait de l'agriculture un objet particulier de leurs soins et de leurs études.

Le commerce peut seul suppléer à la fertilité du sol, en facilitant les échanges. C'est par-là que les Phéniciens jouirent de tous les avantages de la vie. Les Athéniens cultivèrent sur-tout l'olivier, parce que le sol de l'Attique se refusait à d'autres productions ; mais leurs colonies, et particulièrement Bysance, leur fournissaient des grains. Xénophon les exhorte dans un ouvrage politique à favoriser les commerçans, citoyens ou étrangers, à leur faire des avances, à leur fournir des vaisseaux, en prenant les sûretés convenables. La richesse des particuliers, comme il l'observe, fait la richesse de l'état. Corinthe et Syracuse florissaient par le commerce. Alexandrie, sous les Ptolémées, devint encore plus florissante. Un canal de communication., depuis Coptus à la mer rouge, bordé d'hôtelleries, attira toutes les marchandises de l'Asie méridionale.

Périclès avait encouragé tous les beaux arts. Ils continuèrent pendant deux siècles à produire des chefs-d'œuvre. Les trois ordres d'architecture grecque, le dorique, l'ionique et le corinthien, subsistent comme des règles immuables. Plus le goût se perfectionne, plus il se rapproche de la noble simplicité des anciens. Une loi d'Ephèse prévenait de grands abus pour la dépense des édifices publics. L'architecte, avant d'entreprendre quelque ouvrage, devait en déclarer le prix et engager tous ses biens. Si la dépense n'excédait pas le marché, on le récompensait : si elle était plus forte d'un quart, on payait le surplus : si elle montait au-delà, c'était sur le compte de l'architecte.

Avant Phidias, les statues des Grecs, comme celles des Egyptiens, avaient les bras collés sur le corps, les jambes et les pieds joints l'un contre l'autre, sans geste, sans attitude et sans grâces. Il perfectionna la sculpture par sa science, autant que par son talent. Il avait fait une statue pour être placée sur une colonne. Alcamène son rival, en avait fait une autre. Quand on les examina de près, la première parut hideuse, et la seconde admirable. *Placez-les où elles doivent être*, dit Phidias. Il savait l'effet que l'élévation devait produire. On fut bientôt détrompé.

Statuai-res. Myron, Lysippe, Praxitèle et quelques autres sculpteurs, s'immortalisèrent par leurs ouvrages. Deux Vénus de Praxitèle excitaient l'admiration. Il en donna le choix pour le même prix aux habitans de Cos, qui préférèrent la moins belle, parce qu'elle était voilée, et l'autre nue. Cet exemple aurait été digne des Spartiates.

Peinture. Les prodiges que l'on raconte de la peinture grecque paraissent d'autant moins croyables, que les Grecs employaient seulement quatre couleurs. Les peintres célèbres, Polygnote, Apollodore, Zeuxis, Parrhasius, Timante, Appelle, Protogène, etc. furent en général très-considérés, et quelques-uns ridiculement orgueilleux. Les Athéniens auraient été plus louables d'exciter et de récompenser les talens, si les talens agréables n'avaient pas eu la préférence sur ceux qui la méritaient par l'utilité et par les services.

Les talens agréables favorisés. La corruption des mœurs, l'oubli des principes et des devoirs venaient en partie de cet abus. Dans le temps qu'on ne s'occupait que de tableaux, de statues et de spectacles, la courtisanne Phryné, maîtresse de Praxitèle, eut l'effronterie de s'engager à rebâtir Thèbes, pourvu qu'une inscription portât : *Alexandre a détruit Thèbes, et Phryné l'a rétablie.* Zeuxis couvert de pourpre et d'or, éblouissait les yeux par son faste ; aux jeux olympiques, Parrhasius se montrait avec insolence une couronne d'or sur la tête, vers le même temps où Socrate et Phocion burent la ciguë.

Musique. Une chose bien remarquable dans les coutumes des Grecs, c'est l'importance qu'ils attachaient à la musique. L'harmonie fesait la plus vive impression sur leurs organes : elle avait adouci leurs mœurs ; elle excitait leur courage dans les combats ; elle élevait leur ame par les louanges des grands hommes ; car le chant, les instrumens et la poésie tendaient à ce but. Tout cela était compris dans le mot *musique.* On en fesait une partie essentielle de l'éducation. Les lois de Sparte défendaient toute innovation en musique, de peur qu'il n'en résultât d'autres changemens pernicieux. Cet art semble avoir été considérablement perfectionné par les modernes, quoiqu'il ne produise plus les mêmes effets.

Du temps d'Homère, les Grecs ignoraient encore l'art militaire, car on n'en voit presque aucune trace dans ses descriptions de siéges et de combats. Ils devinrent très-habiles par l'expérience et la réflexion. Les campemens avantageux, les savantes dispositions de bataille, les belles manœuvres, tous les moyens d'attaque et de défense, furent connus et pratiqués. Il ne faut que lire les siéges de Syracuse et de Tyr, pour juger des ressources que procurait la science, ainsi que le courage. L'infanterie fesait la force des armées. La cavalerie peu nombreuse, faute de chevaux, combattait en bon ordre, sans que l'on connût l'usage des étriers ni des selles. On avait abandonné les chars, beaucoup plus dangereux qu'utiles.

On ne négligeait rien pour former d'excellens soldats. Les Spartiates, quoique accou-

tumés dès l'enfance à braver la mort, portaient à la guerre des habits rouges, afin que
le sang des blessés ne parût point. La discipline, les récompenses et les peines, la passion de la gloire et la crainte de l'infamie,
donnèrent, sur-tout aux Grecs, un grand
avantage sur leurs ennemis. Chaque citoyen
était soldat, et devait porter les armes jusqu'à
soixante ans. Des hommes qui combattent
pour leurs biens, pour leur famille, pour
leur liberté, paraissent infiniment supérieurs
à des guerriers ordinaires. Cependant que ne
peuvent pas faire aujourd'hui la discipline et
même l'honneur ?

I I.

Ce qu'il
fait pen-
ser des
Grecs en
fait de lit-
térature.

Un goût délicat, une imagination vive,
une langue riche et harmonieuse, ont rendu
les Grecs, en matière de littérature, les maîtres et les modèles de tous les peuples éclai-
rés. Leur langue incomparable embellissait
tout. Dans Homère, elle réunissait déjà les
graces, les forces et la majesté. C'est une
preuve qu'il y avait eu avant lui de bons
écrivains ; car les langues se forment avec
lenteur, et ne peuvent se perfectionner que
par les travaux littéraires.

Poésie
cultivée la
première.

La poésie a presque toujours dévancé les
autres genres. Une espèce d'instinct porte les
hommes sensibles à chanter leurs plaisirs, les
dieux qu'ils adorent, les héros qu'ils admi-
rent, les faits qu'ils veulent graver dans la
mémoire. Aussi trouve-t-on des vers dans les
sauvages. Ce bel art devait être consacré au

bien public. Le but de l'Iliade d'Homère est d'étouffer la discorde parmi les Grecs, et d'exciter en eux l'héroïsme. Les vertus pacifiques étaient peu connues alors, puisqu'il ne les a point célébrées.

Ses poëmes firent naître la tragédie. En représentant sur le théâtre des actions qui plaisaient à la lecture, on augmenta le plaisir de l'utilité. Les pièces d'Eschyle, contemporain de Xerxès, inspiraient la haine et la tyrannie. Sophocle fut témoin de ses succès et les surpassa. Eurypide, rival de Sophocle, rendit la tragédie plus touchante et plus morale. C'est ainsi que l'émulation donnait du ressort aux talens. Dès le temps de Solon, Thespis avait inventé l'art dramatique, ou les représentations théâtrales ; mais ces pièces étaient de mauvaises farces qui servirent seulement à préparer les voies au génie.

A qui est due l'idée de la Tragédie.

On ne conçoit pas comment les Athéniens, après avoir goûté la morale de leurs poètes tragiques, pouvaient applaudir aux bouffonneries indécentes d'Aristophane, ni comment ils lui permettaient de jouer les dieux, le gouvernement, les magistrats, les Socrate. Telle fut la licence de l'*ancienne* comédie ; elle immolait tout à la satire, et ce peuple n'avait pas honte de l'approuver. La comédie *moyenne*, qui commença sous les trente tyrans, déguisa les noms, mais outragea également les personnes. Alexandre en réprima l'abus. La *nouvelle* comédie peignit les mœurs sans blesser les citoyens. Ménandre y excella ; et nous devons d'autant plus regretter

Ce qu'était la Comédie chez les Athéniens

la perte de ses ouvrages, qu'ils ont servi de modele à Térence

Autres genres de poésies. Hésiode, Alcée, Sapho, Pindare, Simonide, Anacréon, Théocrite, etc. se sont immortalisés par d'autres genres de poésies. L'ode, l'élégie, l'idyle, la poésie didactique, l'épigramme, nous sont venues de la Grèce. La plupart de ces genres ont été perfectionnés par les Romains. Il est dans l'ordre de la nature, que le génie profite des anciens modèles, en observe les défauts, pour les éviter avec goût, et les beautés, pour en créer lui-même de nouvelles.

Hérodote et les principaux historiens Hérodote d'Halycarnasse, est regardé comme le père de l'histoire. Il naquit peu d'années après l'expédition de Xerxès dans la Grèce. On lui reproche, avec raison, d'avoir trop aimé le merveilleux, et d'avoir adopté des fables. Pour plaire aux Grecs, il flatta leur vanité crédule. La lecture qu'il fit de son ouvrage aux jeux olympiques, et ensuite dans une fête d'Athènes, lui attira de grands applaudissemens.

Thucydide, encore très-jeune, y versa des larmes comme à une tragédie. Hérodote s'en aperçut, augura que ce jeune homme était né avec les plus heureuses dispositions, exhorta son père à les cultiver avec soin. Thucydide se livra donc à l'étude. Pendant la guerre du Péloponnèse, où il fut employé, il examina tout ; il fit des mémoires exacts, dont il composa ensuite son histoire de cette guerre ; excellent ouvrage où la vérité se montre sans fard. Xénophon se distingua peu

de

de temps après dans cette carrière. Mais il ne faut pas lire sa *Cyropédie* comme une histoire : c'est plutôt une espèce de roman moral et politique, fondé en partie sur des faits. Polybe, Denys d'Halycarnasse, Diodore de Sicile, Plutarque, sont les historiens grecs les plus célèbres qui aient paru ensuite.

On attribue à Périclès l'origine de la véritable éloquence, qui joint la force des raisons à celle du sentiment. Il y avait eu auparavant des harangueurs et non des orateurs. Nous avons vu Démosthène régner sur les esprits par ce talent admirable. Eschine, son rival, ne pouvait lui résister. Il triompha même souvent de la sagesse de Phocion. Dans une république, où l'homme le plus éloquent devenait aussi le plus puissant, et entraînait les suffrages du peuple, tout excitait à cultiver l'éloquence. Des maîtres l'enseignèrent. Isocrate fut un habile rhéteur. Démosthène prit des leçons d'un autre, parce qu'il n'était pas assez riche, dit-on, pour payer celles d'Isocrate. La plupart des rhéteurs furent des sophistes, qui apprenaient à soutenir le pour et le contre, à donner au faux les couleurs du vrai, et dont les préceptes ne valaient pas la lecture d'une philippique de Démosthène. Le talent, l'exercice, l'étude des grands modèles, c'est ce qui fait les orateurs.

Orateurs grecs.

I I I.

Dès que la curiosité, l'émulation et d'autres motifs portèrent les Grecs à la méditation ou à l'étude, la philosophie s'introduisit

Premiers philosophes.

N

parmi eux. Les premiers philosophes furent des sages, principalement occupés des principes de la politique et des devoirs de la société. Ils ne connurent ni les subtilités, ni les disputes des mots; ils ne formèrent point de sectes ennemies les unes des autres; ils ne s'égarèrent pas dans de chimériques opinions. On voulut ensuite raisonner sur l'origine du monde, sur la cause première, sur les choses que l'esprit humain peut le moins connaître. Thalès de Milet, contemporain de Solon, fut le chef d'une secte de philosophes, nommée l'*Ionique*. Un jour qu'il se laissa tomber en considérant les astres, une bonne femme lui dit : *Comment connaîtriez-vous le ciel, puisque vous ne voyez pas à vos pieds ?* Quoique le cours des astres puisse être connu, le mot de cette femme est très-sensé, en l'entendant de ce qui passe notre intelligence.

Philosophie de Pythagore. Pythagore, chef de la secte *Italique*, travailla du moins utilement sur les mœurs. Il s'était instruit en Egypte, en Phénicie, en Chaldée, peut-être même dans l'Inde. Il était astronome et géomètre ; mais il regarda la sagesse comme la première des sciences, et se crut né pour lui faire des prosélites. Il passa dans cette partie de l'Italie qu'on appelait la *grande Grèce*, à cause des colonies grecques dont elle était peuplée. Il y réforma les mœurs publiques par ses exhortations, sur-tout à Crotone, ville très-corrompue.

Sa vie. Il vivait en communauté avec ses disciples, et leur fesait subir une espèce de noviciat

de deux ans , quelquefois de cinq , pendant
lequel ils devaient s'instruire en silence , sans
pouvoir demander raison des enseignemens.
Sa doctrine sur la divinité était admirable.
Il voulait que toutes les actions , toutes les
études , tendissent à nous rendre semblables
à Dieu par l'acquisition de la vérité ; il ajou-
tait que pour acquérir la vérité , il faut la
chercher avec une ame pure , maîtresse des
passions.

Il enseignait la métempsycose , et il tirait
de cette erreur des conséquences utiles , puisqu'il annonçait des récompenses de la vertu
et des peines du vice après la mort. Zaleucus
et Charondas , deux de ses disciples , furent
deux législateurs ; l'un des Sybarites , célèbres auparavant par leur mollesse ; l'autre
des Locriens d'Italie. Pythagore florissait
vers l'an 540 avant Jésus-Christ.

*Son princi-
pal dog-
me.*

Nous avons déjà parlé d'Anaxagore ; le
maître de Périclès. Il enseigna que l'arran-
gement du monde est l'ouvrage d'un esprit
infini. Il ne parut qu'un impie aux yeux des
Athéniens , parce qu'il définissait le soleil,
une matière enflammée. Tels sont les jugemens de l'ignorance superstitieuse. Socrate,
son disciple , consacra la philosophie aux
mœurs et au bien public. La ciguë fut sa
récompense.

*Philoso-
phie d'A-
naxagore.*

Platon et Aristote brillèrent après Socrate.
Leurs opinions ont eu des sectateurs innom-
brables. On appelait *académie* la secte de
Platon , et *péripatéticiens* celle d'Aristote.
Les péripatéticiens modernes qui ont dominé

*Platon et
Aristote.*

dans les écoles à la faveur de l'ignorance , n'entendaient pas même la doctrine de ce philosophe grec dont ils fesaient un oracle. Dans le même temps , Antisthène fonda la secte des cyniques. Un manteau , une besace , un bâton , c'est tout ce qu'ils voulaient posséder. Ils s'imaginaient , dans leur pauvreté orgueilleuse , avoir droit d'insulter le genre humain. Le fameux Diogène , banni pour crime de fausse monnaie , devint le disciple d'Antisthène. En déclamant contre les vices , il n'épargnait pas les personnes. On lui jetait des os comme à un chien , et il n'en était que plus hardi. Cratès , autre cynique , vendit un riche patrimoine , en jeta l'argent à la mer , et s'écria : *Je suis libre.* De tels excès ne sont point de la vertu.

Zénon.   Zénon , chef des Stoïciens , enseigna que la vertu rend heureux dans tous les maux , et même que les souffrances ne sont point un mal. Il fesait du sage un homme sans passions , insensible même à la pitié , quoique fidèle à tous les devoirs de l'humanité. Sa doctrine était sans doute exagérée ; mais elle fit de grands hommes pour les sentimens sublimes qu'elle inspirait.

Epicure.   Epicure , au contraire , plaçait le bonheur dans la volupté. On a lieu de croire qu'il l'entendait des plaisirs qu'accompagne la vertu et qui supposent la tempérance. Mais il était aisé d'abuser de cette doctrine. Aussi la secte dégénéra-t-elle bientôt. Les épicuriens préférèrent les plaisirs des sens à tout le reste ; ils se livrèrent aux excès du libertinage.

Pyrrhon et les pyrrhoniens poussèrent l'extravagance jusqu'à ne reconnaître aucune espèce de vérité. D'autres philosophes nièrent l'existence de Dieu : leur impiété n'inspira que de l'horreur. La philosophie devint une source intarissable de faux systèmes, de disputes dangereuses, dès qu'elle négligea l'observation de la nature et des principes de la morale.

Les Grecs cultivèrent avec succès la géométrie, l'astronomie, la géographie, sciences dont nous ne devons pas encore parler. Hippocrate, né vers l'an 460 avant Jésus-Christ, doit être regardé comme le père de la vraie médecine fondée sur l'observation et l'expérience. C'est un grand malheur que les médecins, comme les philosophes, se soient divisés en plusieurs sectes rivales. La différence de principes les conduisait à des pratiques contraires ; et la vie des hommes était souvent sacrifiée à l'esprit de système.

Les modernes doivent beaucoup aux Grecs dans tous les genres, mais les ont surpassés dans presque tous, par de meilleures méthodes et par de grandes découvertes.

Fin de l'Histoire Grecque.

N 3

APPENDICE

SUR LES DIEUX ET LES HÉROS

DE LA FABLE.

On a placé à la suite de l'*Abrégé de l'Histoire Grecque*, ce morceau du *Père Jouvency*, dont l'objet appartient spécialement à l'*Histoire des Grecs*, puisqu'il n'y est question que des dieux et des héros de la Grèce. Il peut suffire pour l'intelligence de la plupart des poètes grecs et latins ; et s'il ne suffisait pas, le Dictionnaire de la Fable et celui des Antiquités *qui entrent dans ce Cours d'Etudes*, *fourniront abondamment le surplus des notions dont on pourra avoir besoin.*

On a cru devoir y ajouter quelques descriptions tirées de poètes français, afin de fixer plus facilement les faits dans la mémoire des jeunes gens. Ceux qui désireraient qu'il s'en fût trouvé davantage, peuvent consulter l'Histoire poétique tirée des poètes français, ouvrage très-bien fait, et qui se trouve chez l'imprimeur de celui-ci.

ABRÉGÉ DE LA FABLE.

PREMIÈRE PARTIE.

Des Dieux du premier et du second ordre.

I. Saturne.

LE ciel passait pour le plus ancien des dieux. Deux de ses fils, dont l'un s'appelait le Temps ou Saturne, et l'autre Titan, sont célèbres dans les écrits des poètes. Titan était l'aîné, et par conséquent celui à qui l'empire du monde devait appartenir ; mais il céda son droit à Saturne, à la sollicitation de sa mère Vesta. Ce ne fut qu'à condition que son frère Saturne n'éléverait aucun enfant mâle. En conséquence de cette convention, Saturne dévorait ses propres fils dès qu'ils étaient venus au monde. Sa femme en était au désespoir. Un jour qu'elle accoucha de deux enfans, dont l'un était Jupiter et l'autre Junon, elle cacha Jupiter, et ne montra que Junon à Saturne. Titan découvrit cette fourberie : il fit la guerre à Saturne, le défit dans un combat, et le mit aux fers. Saturne en fut délivré dans la suite par son fils Jupiter ; car les Titans ayant renouvelé la guerre

Ciel.

Titan.

Vesta.

Jupiter.
Junon.

pour venger de nouveau leur père, ils furent vaincus par Jupiter.

Ils sont ensévelis sous la masse pesante
Des monts qu'ils entassaient pour attaquer les cieux :
Nous avons vu tomber leur chef audacieux
      Sous une montagne brûlante ;
Jupiter l'a contraint de vomir à nos yeux
Les restes enflammés de sa rage mourante.
      Jupiter est victorieux,
Et tout cède à l'effort de sa main foudroyante.

Quinault.

Saturne avait appris du destin qu'un jour ce même Jupiter lui ôterait le royaume : ainsi dès qu'il fut en liberté, il dressa des embûches à son fils, et ensuite lui déclara une guerre ouverte. Jupiter fut victorieux ; et non content d'avoir vaincu son père, il le chassa du ciel. Saturne, après avoir perdu le ciel, se retira dans cette partie de l'Italie, où, dans la suite, Rome fut bâtie. Cette *Latium.* contrée fut appelée *Latium*, du mot latin *latere*, qui signifie *être caché*, parce qu'en effet Saturne était venu s'y cacher et y cher- *Janus.* cher un asile. Janus, qui était alors roi du Latium, reçut favorablement ce Dieu chassé du ciel, et l'associa même à son règne. Saturne, par reconnaissance, lui donna une intelligence singulière, par le moyen de laquelle il se ressouvenait des choses passées, et prévoyait celles qui devaient arriver ; c'est pourquoi on a dit que Janus avait deux têtes ou deux visages, dont l'un regardait le passé et l'autre l'avenir.

Dans le temps de Saturne, les mœurs étaient pures, et les beaux arts florissaient ;

ce qui a fait donner à ce temps heureux le
nom d'âge d'or.   Age d'or.

La terre féconde et parée ,
Mariait l'automne au printemps :
L'ardent Phœbus , le froid Borée,
Respectaient l'honneur de ses champs :
Par-tout les dons brillans de Flore
Sous ses pas s'empressaient d'éclore
Au gré du Zéphire amoureux :
Les moissons , inondant les plaines,
N'étaient ni le fruit de nos peines ,
Ni le prix tardif de nos vœux.
    Mais , pour le bonheur de la vie,
C'était peu que tant de faveurs ;
Trésors bien plus dignes d'envie ,
Les vertus habitaient les cœurs.
Pères , enfans, époux sensibles ,
Nos devoirs , depuis si pénibles ,
Fesaient nos plaisirs les plus doux ;
Et l'égalité naturelle ,
Mère de l'amitié fidelle ,
Sous ses lois nous unissait tous.

LAMOTTE.

Pendant la courte durée
De cet âge radieux ,
Qui vit la terre honorée
De la présence des Dieux ,
L'homme instruit par l'habitude ,
Marchant avec certitude
Dans leurs sentiers lumineux ,
Imitait , sans autre étude ,
Ce qu'il admirait en eux.

ROUSSEAU.

Les fêtes de Saturne étaient appelées *les
Saturnales* , et tombaient dans le mois de   Saturna-
décembre ; elles furent célébrées d'abord   les.
pendant trois jours, ensuite pendant quatre,
enfin pendant cinq et davantage. Pendant ces
jours-là le sénat ne tenait point ses assemblées ; les écoles publiques étaient fermées ,
et les amis s'envoyaient des présens les uns

aux autres ; il n'était pas permis d'exécuter aucun jugement contre les criminels, ni de déclarer la guerre. Les maîtres servaient à table leurs esclaves, et en fesaient les fonctions, pour rappeler le souvenir de l'ancienne liberté dont les hommes jouissaient dans le temps de Saturne, où tous étaient égaux.

Janus. Janus, dont nous venons de parler, était représenté tenant une clef d'une main, et de l'autre un bâton. Il portait un bâton, parce qu'il présidait aux chemins. Le bâton est le symbole du voyageur, et il avait une clef, parce qu'on le croyait l'inventeur des portes et des serrures. C'est de lui que le mois de Janvier. janvier a pris son nom. On dressait douze autels en l'honneur de Janus, pour représenter les douze mois de l'année ; et comme il y a quatre saisons dans l'année, on a souvent représenté Janus avec quatre visages. Janus était invoqué le premier dans tous les sacrifices, parce que c'était lui qui, le premier, a dressé des autels et établi les cérémonies des sacrifices. A Rome, le temple de Janus était fermé en temps de paix, et il était ouvert en temps de guerre.

II. Cybèle.

Cybèle, femme de Saturne, a plusieurs noms dans les poètes : elle est appelée Dindymène, Bérécynthye et Idée ; ces noms sont tirés des trois montagnes de Phrygie, Dindyme, Ida et Bérécynthe, où elle était prin-

cipalement honorée. Elle était aussi appelée
la *grande Mère*, parce qu'elle est la mère de
la plupart des dieux, et sur-tout des dieux
du premier ordre. On la nommait aussi *Ops*
et *Tellus : tellus* veut dire *la terre* ; parce
que, comme Saturne avait présidé au ciel,
elle présidait à la terre, et procurait toutes
sortes de secours aux mortels ; car *ops* veut
dire *secours, richesse.*

> Prodigue en ses largesses,
> Cybèle à pleines mains (*nous*) répand ses richesses ;
> De ses bienfaits nouveaux les arbres sont parés,
> D'une herbe verdoyante elle couvre nos prés.
>
> R O U S S E A U.

On lui donnait encore le nom de *Rhéa*,
du grec *rheo*, qui veut dire *je coule*, parce
que toutes choses coulent, pour ainsi dire,
de la terre, et en sont produites. On la
nommait aussi *Vesta*. Cependant communément Vesta est le nom de la mère de Saturne,
et non pas celui de sa femme ; c'est pourquoi
quelques savans croient qu'il y a eu deux
Vesta ; l'une femme du ciel et mère de Saturne, et l'autre moins ancienne, et fille de
Saturne ; et ils sont persuadés que l'ancienne
Vesta est la même que Cybèle et que la terre.
Celle-ci était représentée assise, parce que la
terre, soutenue par son propre poids, demeure toujours dans une situation uniforme.
Elle tenait un tambour à la main, parce que,
comme le tambour est rempli d'air, de même
la terre renferme dans son sein les vents, qui
en sortent avec bruit. On peignait aussi des
bêtes à ses côtés. Elle était portée sur un char

traîné par des lions ; elle était quelquefois couronnée de fleurs et de plantes, et plus souvent on lui donnait une couronne de tours et de créneaux de murailles.

L'autre Vesta, moins ancienne, présidait au feu. Numa Pompilius, roi de Rome, lui consacra un autel, sur lequel il ordonna que des vierges appelées *Vestales* entretiendraient un feu perpétuel. Si par hasard ce feu venait à s'éteindre, on publiait le *justitium*, c'est-à-dire, l'interruption de l'administration de la justice. Ce mot vient de *jus*, le droit, et de *stare*, s'arrêter ; car alors les affaires publiques et particulières étaient interrompues, jusqu'à ce que ce prodige funeste eût été expié par des cérémonies particulières. Si ce malheur arrivait par la faute des vestales, on les punissait sévèrement. On renouvelait ce feu tous les ans aux calendes de mars, c'est-à-dire, au premier jour de mars, et on se servait, pour le rallumer, non du feu ordinaire, mais uniquement des rayons du soleil. Les fêtes de Cybèle s'appelaient les fêtes Mégalésiennes, ou les jeux Mégalésiens : ce mot vient de l'adjectif grec μεγαλη, qui signifie *grande*, parce que c'étaient les fêtes de la grande Déesse. Les prêtres de Vesta étaient nommés en latin *Galli*, de *Gallus*, fleuve de Phrygie. Quand ces prêtres avaient bu de l'eau de ce fleuve, ils devenaient furieux, et se déchiraient à coups de couteaux : ils tournaient la tête en rond, en avançant les uns contre les autres, et se heurtaient comme des béliers : c'est pourquoi ils furent aussi appelés

appelés *Coribantes*, du grec κορυς, qui signifie casque. Ces prêtres se coupaient les cheveux sur le devant de la tête ; ils portaient une longue robe comme les femmes. Ils avaient élevé Jupiter dans l'île de Crète, ce qui fut cause qu'on les appela *Curètes*, nom des peuples qui vinrent habiter l'île de Crète, aujourd'hui Candie. On appelle aussi ces prêtres Dactyles Idéens : dactyles, du mot grec δακτυλος, qui signifie *un doigt*. parce qu'ils étaient au nombre de dix, et par conséquent autant qu'il y a de doigts aux deux mains ; ou parce que, comme les doigts se prêtent aux mouvemens de la main, ils devaient toujours être prêts pour les fonctions de leur ministère et pour le culte de la déesse ; et ils étaient appelés *Idéens*, parce qu'ils demeuraient sur le mont Ida, montagne de Phrygie. Il y avait aussi une montagne de ce nom dans l'île de Crète. Ces prêtres célébraient les fêtes de Cybèle avec des cris confus, au bruit des tambours, des fifres, des flûtes et d'autres pareils instrumens. A Rome les fêtes de Cybèle étaient célébrées par les dames romaines dans un temple qui était un lieu retiré, qu'on appelait *Opertum*, c'est-à-dire, *lieu caché* : il n'était pas permis aux hommes d'y entrer.

III. Cérès et le Dieu Terme.

Cérès fut fille de Saturne et d'Ops, ou Cybèle. Elle était la déesse des productions de la terre, et c'est elle qui a trouvé l'usage du blé ; c'est pour cela qu'on la peint avec une couronne d'épis et avec de grosses mamelles ; d'où lui est venu le nom de *Manmosa*, c'est-à-dire, *mamelue*, et d'*Alma*, c'est-à-dire, *celle qui nourrit*, parce qu'avec le blé elle nourrit tous les hommes.

Elle portait un flambeau à la main, parce qu'elle chercha long-temps sa fille Proserpine, que Pluton avait enlevée. On dit que, comme le chagrin qu'elle conçut de cet enlèvement, lui avait fait perdre l'usage du sommeil, Jupiter lui fit manger des pavots. Le pavot est une plante qui a la propriété de faire dormir ; c'est pour cela qu'on la peint aussi avec des pavots à la main. Elle se servit de Triptolême pour montrer aux hommes l'art de semer. Ce Triptolême était fils du roi d'Eleusis, chez qui Cérès s'était arrêtée quelque temps, lorsqu'elle cherchait sa fille Proserpine. C'est dans cette ville d'Eleusis qu'on a célébré pour la première fois certaines fêtes en l'honneur de Cérès ; elles étaient appelées *Eleusines*. On y gardait un silence incroyable et un grand secret ; et c'eût été un crime des plus grands, que de rapporter un mot de ce qui s'y était passé.

[marginalia : Proserpine. / Triptolême. / Fêtes Eleusines]

On trouve dans les anciens auteurs deux autres fêtes en l'honneur de Cérès : premièrement, les *Thesmophores*, ainsi appelées de deux mots grecs θεσμὸς *loi*, et φέρω *je porte* : ces fêtes étaient ainsi nommées, parce que Cérès donna des lois aux Athéniens. Secondement, les *Ambarvales* ; établies pour obtenir du ciel la fertilité des campagnes et l'abondance des fruits. Ce mot vient de l'ancienne préposition *am*, qui veut dire *autour* et *arva*, qui signifie *les terres labourées*. En effet, pendant ces fêtes on fesait des processions autour des champs. Le vin était banni des autels de Cérès. On lui immolait un porc, parce que cet animal déracine les herbes et détruit les semences.

Le dieu Terme présidait aux limites des campagnes. Ses fêtes s'appelaient *les Terminales*. Saint Augustin dit que Cérès a été une reine de Grèce, et qu'elle a appris à ses sujets l'art de cultiver la terre ; que par ce moyen il est arrivé que les Grecs se sont nourris des grains qui croissaient dans leur propre territoire, au lieu qu'auparavant ils ne vivaient que de ceux qu'on apportait d'ailleurs.

Thesmophores.

Ambarvales.

Dieu Terme.

~~~~~~~~~~~~~~~~~~~~~~~~~~~~~~~~

IV. JUPITER.

JUPITER était fils de Saturne et de Cybèle. Après qu'il eut chassé son père du ciel, il partagea l'empire du monde avec ses frères ; il garda le ciel pour lui, il donna l'empire des eaux à Neptune, et celui des enfers à
~~~~~~~~~~~~~~~~~~~~~~~~~~~~~~~~

Pluton. Son règne fut bientôt troublé ; car la terre, femme de Titan, au désespoir de ce que Jupiter avait fait mourir les Titans ses fils, produisit les Géans : c'étaient des hommes d'une grandeur énorme et d'une force extraordinaire. Ils entassèrent montagnes sur montagnes pour escalader le ciel, et pour en chasser Jupiter ; mais ayant été renversés à coups de foudre, et écrasés par ces mêmes montagnes, ils furent la victime de leur présomption. Comme Jupiter ne croyait pas pouvoir résister tout seul à tant d'ennemis, il appela à son secours les autres dieux, pour combattre et pour partager le péril avec lui ; mais les dieux furent si épouvantés à la vue des Géans, qu'ils s'enfuirent tous en Egypte, où ils se cachèrent sous diverses formes d'animaux ; c'est pour cela que, dans la suite, les Egyptiens rendirent aux bêtes les honneurs divins. Mais Bacchus eut plus de courage que les autres dieux ; car ayant pris la figure d'un lion, il combattit avec fermeté pendant quelque temps, animé par Jupiter qui lui criait sans cesse, *evohe*, *eu*, *uie*, mots grecs qui signifient ; *courage*, *courage*, *mon fils*.

> C'est lui qui, des fils de la terre
> Châtiant la rebellion,
> Sous la forme d'un fier lion,
> Vengea le maître du tonnerre ;
> Et par lui les os de Rhécus,
> Furent brisés comme le verre,
> Aux yeux de ses frères vaincus.
>
> ROUSSEAU.

Jupiter se trouvant paisible possesseur de l'empire du monde, s'appliqua à former l'homme. Prométhée, petit-fils du ciel, ayant voulu imiter Jupiter, fit avec de la terre quelques statues d'hommes, et les anima avec un feu qu'il prit du char du soleil.

Fesons de leur repos rougir les immortels.
  Du feu des cieux je me suis rendu maître ;
    C'est par moi que l'homme va naître ;
  C'est à moi seul qu'il devra des autels.
    Esprits soumis à mon empire,
Que ce peuple impuissant s'anime par vos feux ;
    Qu'aujourd'hui l'argile respire,
    Soyez aussi prompt que mes vœux.

L A M O T T E.

Jupiter irrité de cette audace de Prométhée, chargea Vulcain de l'attacher sur le mont Caucase, et mit auprès de lui un vautour pour lui déchirer les entrailles ; il s'en formait toujours de nouvelles, qui ne fesaient que servir de matière à de nouveaux tourmens pour le malheureux Prométhée ; car à mesure qu'elles revenaient, le vautour ne manquait pas de les déchirer. Les autres dieux furent offensés de cette sévérité de Jupiter, et ils virent avec douleur qu'il voulait s'attribuer à lui seul le droit de former des hommes. C'est pourquoi, de concert entr'eux, ils formèrent une femme, et chacun d'eux contribua de quelque chose à cette formation. Ils l'appelèrent *Pandore*, c'est-à-dire, formée des présens de tous. Ce mot *Pandore* vient de deux mots grecs πυν, qui veut dire *tout*, et δωρος, qui signifie *don*, *présent*. Jupiter, pour punir l'orgueil de ces dieux, donna à cette femme une boîte, présent funeste, car tous les maux de la nature

Promé-
thée.

Vulcain.

Pandore.

O 3

y étaient renfermés. Pandore porta cette boîte à Epiméthée, frère de Prométhée. Epiméthée, par une fatale curiosité, ou plutôt sa femme, comme d'autres le disent, ouvrit la boîte ; et d'abord que cette boîte fut ouverte, les maux de toute espèce qui y étaient renfermés en sortirent, et se répandirent sur toute la face de la terre.

Ignores-tu donc encore
Que tous les fléaux tirés
De la boîte de Pandore,
Se sont du monde emparés ?
Que l'ordre de la nature
Soumet la pourpre et la bure
Aux mêmes sujets de pleurs ?
Et que, tout fiers que nous sommes,
Nous naissons tous faibles hommes,
Tributaires des douleurs ?

ROUSSEAU.

La seule espérance demeura au fond de la boîte : de là l'âge de fer, tous les crimes et tous les autres maux de la nature.

D'où peut venir ce mélange adultère
D'adversités, dont l'influence altère
Les plus beaux dons de la terre et des cieux ?
L'antiquité nous mit devant les yeux
De ce torrent la source emblématique,
En nous peignant cette femme mystique,
Fille des Dieux, chef-d'œuvre de Vulcain,
A qui le ciel, prodiguant par leur main
Tous les présens dont l'Olympe s'honore,
Fit mériter le beau nom de Pandore.
L'urne fatale où les afflictions,
Les durs travaux, les malédictions,
Jusqu'à ce temps des humains ignorées,
Avaient été par les dieux resserrées,
Pour le malheur des mortels douloureux,
Fut confiée à des soins dangereux.
Fatal désir de voir et de connaître !
Elle l'ouvrit ; et la terre en vit naître,

Dans un instant, tous les fléaux divers
Qui depuis lors inondent l'Univers.
Quelle que soit, ou vraie, ou figurée,
De ce revers l'histoire aventurée,
N'en doutons point, la curiosité
Fut le canal de notre adversité.

R o u s s e a u.

Ceux qui disent que ce fut la femme d'Epiméthée qui ouvrit la boîte, prétendent que c'était elle qui s'appelait *Pandore.*

Les savans croient que parmi les rois de Crète, il y en a eu plusieurs qui ont porté le nom de Jupiter. Le plus célèbre de tous, selon Eusèbe, était contemporain d'Abraham. Ce Jupiter, roi de Crète, dépouilla son père du royaume, qu'il partagea ensuite avec ses frères, Neptune et Pluton, de telle sorte qu'il garda pour lui le côté de l'orient ; il donna à Pluton la partie occidentale de l'isle, et à Neptune le rivage de la mer et le soin de la marine. De là on a dit que Jupiter était le dieu du ciel, Neptune le dieu de la mer, et Pluton celui des enfers. Car ce mot *enfer,* veut dire *lieu inférieur* : la partie occidentale était regardée comme la partie inférieure de l'isle. Par le nom de Jupiter, on entend souvent dans les anciens poètes, l'air ou le ciel ; et par celui de Junon, femme de Jupiter, on entend aussi quelquefois la terre, parce que c'est du ciel, ou de l'air et de la terre, que toutes choses sont produites.

Le même Jupiter a différens noms dans les auteurs profanes ; voici les plus ordinaires : *Diespiter,* c'es-à-dire, *diei pater,* père du jour : *Feretrius,* du latin *Ferire,* frapper,

Noms de
Jupiter.

parce qu'il avait aidé les Romains à vaincre leurs ennemis, ou du latin *ferre*, porter, parce qu'on portait dans son temple les dépouilles opimes. *Opimus* est un mot latin qui veut dire *gras*, *abondant*, *fertile*. C'est le nom que Romulus donna aux dépouilles qu'un général romain remporterait sur les ennemis, après en avoir tué le général dans un combat, comme il fit en combattant contre les Céniniens : il tua leur roi, et consacra les armes et les dépouilles de ce roi au temple de Jupiter : ce fut alors qu'il donna à ce dieu le nom de *Feretrius*. Tite-Live, lib. 1, n.° 10.

Jupiter fut encore appelé *Stator* par Romulus : ce mot vient du latin *stare*, ou *sistere*, arrêter. Romulus l'appela ainsi, parce qu'il avait arrêté les Romains, et leur avait fait tenir ferme, lorsqu'ils commençaient à prendre la fuite en combattant contre les Sabins.

On appelait aussi Jupiter *Xenius*, c'est-à-dire, *hospitalier*, parce qu'il était regardé comme le protecteur des hôtes, et le dieu particulier de l'hospitalité. *Xenius* vient du grec ξένος, qui veut dire *hospes*, hôte. On lui donnait encore le nom de *Vejovis* et celui de *Vedius*, lorsqu'on le suppliait de ne point faire de mal, et qu'on le mettait au nombre des dieux funestes et nuisibles. Ces mots sont formés de l'interjection *væ*, qui est un terme d'imprécation, et de deux génitifs, un latin, à savoir *Jovis*, et l'autre grec, à savoir *Dios*, Διος, qui répond à *Jovis*.

V. Junon.

Junon, sœur et femme de Jupiter, présidait
aux mariages et aux accouchemens, et alors
elle était appelée *Pronuba, Lucina, Ilithya.*
Sa fille Hébé, déesse de la jeunesse, fut char- Hébé.
gée de verser le nectar à Jupiter, jusqu'à ce
que Ganimède fût mis en sa place. Ganimède Ganimè-
était fils de Tros, troisième roi de Troye : de.
Jupiter, transformé en aigle, l'avait enlevé.
Junon fut aussi la mère de Mars, dieu de la Mars.
guerre et des armes. Elle eut aussi pour fille
Bellonne ou Enyo, sœur de Mars. Enfin elle Bellonne.
mit au monde Vulcain, mais mal fait et Vulcain.
difforme. Jupiter prit en aversion ce fils, qui
ne lui parut pas digne de lui, et d'un coup
de pied il le précipita du ciel en terre.
Vulcain se cassa une jambe en tombant, et en
demeura toujours boîteux. Jupiter, pour le
consoler de ce malheur, le fit chef des for-
gerons qui travaillaient aux foudres.

Les forges de Vulcain étaient à Lemnos,
isle de l'Archipel ; à Lipare, isle auprès de
la Sicile ; enfin, au mont Ethna dans la Sicile.
Les compagnons de Vulcain étaient les Cy- Cyclopes.
clopes, ainsi appelés, parce qu'ils n'avaient
qu'un œil au milieu du front. Ce mot *Cyclopes* vient de deux mots grecs, κυκλος, *cercle*,
et ὄψ, qui veut dire *œil.* Au reste, Jupiter
aigri de l'humeur hautaine de Junon et de la
difformité de son dernier enfant, prit du dé-
goût pour elle, et s'attacha à d'autres femmes.

Pallas. Bien plus, il mit au monde Pallas, qu'il fit sortir de sa tête féconde, et il voulut qu'elle présidât également à la guerre et aux lettres. Cependant quand on regarde Pallas comme ayant l'intendance sur les sciences, on lui

Minerve. donne ordinairement le nom de *Minerve.*

> De la vertu qui nous conserve,
> C'est le symbolique tableau :
> Chaque mortel a sa Minerve,
> Qui doit lui servir de flambeau.
> Mais cette déite propice
> Marchait toujours devant Ulysse,
> Lui servant de guide et d'appui ;
> Au lieu que, par l'homme conduite,
> Elle ne va plus qu'à sa suite,
> Et ce précipite avec lui.

Rousseau.

L'olivier lui était consacré, c'est le symbole de la paix ; car les lettres aiment la paix, et la paix doit être l'objet et le prix de la guerre. Pallas fut principalement honorée par les Athéniens : mais revenons à Junon. Cette déesse voyant son mari livré honteusement à l'amour des femmes, le fit observer par un espion qui avait cent yeux,

Argus. et qui s'appelait *Argus.* Jupiter, par le moyen de Mercure, se défit de cet observateur incommode, qui épiait toutes ses actions. Junon plaça les yeux d'Argus à la queue du paon, ou, comme d'autres le prétendent, elle changea Argus lui-même en paon.

L'orgueil de cette déesse impérieuse est bien exprimé dans ces vers :

Moi, l'épouse et la sœur du maître du tonnerre !
Moi, la reine des dieux, du ciel et de la terre,
Ah ! périsse ma gloire ; et faisons voir à tous,
Que ces dieux si puissans ne sont rien près de nous.
Qu'ils viennent à mes dons comparer leurs largesses !
Je veux lui prodiguer mes grandeurs, mes richesses :
Je veux que son pouvoir dans les terrestres lieux,
Soit égal au pouvoir de Junon dans les cieux.

Rousseau.

Iris était à la suite de Junon, elle en était la messagère, quoiqu'elle rendît quelquefois le même service à Jupiter et aux autres dieux. A l'égard du dieu Mars, on le surnommait quelquefois *Gradivus*, sur-tout quand il entrait en fureur, car en latin, *gradior* se dit proprement des soldats qui marchent en bataille pour combattre. On l'appelait, au contraire, *Quirinus*, lorsqu'il était tranquille et paisible. Ce dernier nom vient du mot sabin *Curis* ou *Quiris*, qui signifie *une haste, un javelot*. On a aussi donné ce nom à Romulus, fils de Mars. Les Saliens, prêtres de Mars, couraient en certains jours par la ville, en sautant ; et c'est pour cela qu'ils furent appelés *Saliens*, du latin *salire*, sauter ; ils portaient alors de petits boucliers échancrés des deux côtés. On appelait ces boucliers *anciliæ, ab ancisu ;* c'est-à-dire, à cause de leur échancrure.

Iris.

Mars.

Saliens.

Anciliæ.

VI. Apollon.

Jupiter, dégoûté de Junon, aima Latone, dont il eut Apollon et Diane. Avant qu'ils fussent venus au monde, Junon, jalouse.

Latone.

pria la Terre de ne donner à Latone aucúne retraite où elle pût s'arrêter pour faire ses couches. La Terre lui promit de ne l'admettre en aucun lieu de sa dépendance ; mais elle ajouta qu'elle n'était pas la maîtresse de l'isle de Délos, qui, dans ce temps-là, flottait au milieu de la mer, et était presque toujours couverte de flots ; c'était donc le dieu de la mer qui en était le maître.

Neptune, touché de la triste situation de Latone, affermit l'isle de Délos, et la fit paraître sur l'eau. Elle servit de retraite à Latone, qui y accoucha d'Apollon et de Diane. C'est de là qu'Apollon a été nommé *Délien*, du nom de l'isle où il avait pris naissance.

Esculape. Son fils Esculape ayant appris de son père et du centaure Chiron l'art de la médecine, il y fit de si grands progrès, qu'il rendit la *Hippolyte* vie à Hippolyte, fils de Thésée, que des monstres marins avaient mis en pièces. Jupiter regardant cette résurrection comme un attentat à son autorité, il frappa Esculape d'un coup de foudre. Apollon ne pouvant se venger contre Jupiter même, tua à son tour les *Cyclopes.* Cyclopes, parce qu'ils avaient forgé la foudre. Jupiter en fut extrêmement irrité ; il chassa Apollon du ciel, et le priva pendant quelque temps de la divinité.

Apollon, en cet état, fut réduit à une extrême misère : et pour ne point mourir de *Admète.* faim, il se mit au service d'Admète, roi de Thessalie, et il fut chargé de mener paître les troupeaux de ce roi : c'est ce qui l'a fait passer pour le Dieu des pasteurs ; en cette qualité

qualité on lui immolait un loup , qui est la terreur des brebis. Un jour qu'il menait paître des troupeaux, Mercure l'aperçut, et lui déroba adroitement une vache , ensuite il lui enleva subtilement le carquois de dessus ses épaules.

Apollon changea Daphné en laurier, après l'avoir inutilement poursuivie. Ayant tué par mégarde le jeune Hyacinthe , avec qui il jouait au palet, il le changea en une fleur qui porte aujourd'hui le nom de ce jeune homme. Mais le père et la mère d'Hyacinthe ayant poursuivi Apollon pour venger la mort de leur fils , furent cause qu'il se retira dans la Troade, où il trouva Neptune qui était aussi exilé du ciel , parce qu'il avait cons- piré contre Jupiter avec quelques autres dieux. Ils se réfugièrent l'un et l'autre au- près de Laomédon , qui alors faisait bâtir la ville de Troye ; et après être convenus avec ce roi d'un certain salaire , ils travaillè- rent à construire les murailles de cette ville. Mais parce que Laomédon refusa ensuite de leur payer le salaire convenu , ils conspirè- rent contre ce roi parjure. Neptune ayant fait déborder les eaux de la mer , renversa la plus grande partie de la ville ; et Apollon , de son côté , désola toute cette contrée par la peste. Laomédon chercha un remède à tant de maux ; il consulta l'oracle , qui lui répondit qu'il devait appaiser Apollon et Neptune , en exposant toutes les années une fille troyenne à des monstres marins. Le sort tomba sur Hésione , propre fille du roi.

Daphné.

Hyacin-the.

Neptune.

Laomé-don.

Hésione.

Hercule. Hercule s'engagea à la sauver, à condition que Laomédon lui donnerait certains chevaux singuliers. Le roi le lui promit ; mais quand sa fille fut délivrée, et que les monstres marins furent tués ou chassés, il renvoya Hercule sans lui donner la récompense qu'il lui avait promise, et il ajouta la moquerie à la perfidie. Hercule, outré d'une juste fureur, assiégea le ville, la prit, et fit mourir ce roi perfide. Cependant la colère de Jupiter s'étant appaisée, il rappela Apollon dans le ciel, et lui rendit la divinité. Apollon ne recouvra pas seulement son premier rang, mais il en augmenta de beaucoup la gloire ; car il fut chargé dans le ciel de distribuer la lumière à l'Univers, ce qu'il fesait aussi auparavant, quoique quelques poètes donnent cet emploie à l'un des Titans, qu'ils ont appelé *Titan* et *Hypérion*. D'autres disent qu'Hypérion est le père du soleil. Les Egyptiens appelaient le soleil *Horus*, et c'est de là que nous vient le nom d'*heures* : les Perses l'appelaient *Mithra*. Tel fut l'emploi d'Apollon dans le ciel ; mais sur la terre il commença à rendre des oracles, sur-tout à Delphes, où une prêtresse rendait ses réponses, assise sur la cortine, ou table à trois pieds, couverte de la peau du serpent

Python. Python, qu'Apollon avait tué autrefois.

Chez les filles de mémoire
Allez apprendre l'histoire
De ce serpent abhorré,
Dont l'haleine détestée,
De sa vapeur empestée
Souilla leur séjour sacré.

Lorsque la terrestre masse
Du déluge eut bu les eaux ,
Il effraya le Parnasse
Par des prodiges nouveaux.
Le ciel vit ce monstre impie ,
Né de la fange croupie
Au pied du mont Pélion ,
Souffler son infecte rage
Contre le naissant ouvrage
Des mains de Deucalion.
Mais le bras sûr et terrible
Du Dieu qui donne le jour ,
Lava dans son sang horrible
L'honneur du docte séjour.
Bientôt de la Thessalie ,
Par sa dépouille ennoblie ,
Les champs en furent baignés ;
Et du Céphise rapide
Son corps affreux et livide
Grossit les flots indignés.

Rousseau.

De plus , il fut l'inventeur de la musique ; ayant eu l'avantage dans le chant sur le satyre Marsias qui avait eu la témérité de lui *Marsias.* faire un défi sur ce point , il l'écorcha tout vif. Il apprit aux Muses la musique et la poésie. Les Muses étaient filles de Jupiter *Muses.* et de Mnémosyne , déesse de la mémoire. Μνεμοτυνή en grec signifie *mémoire.*

Les Muses étaient au nombre de neuf ; à savoir , Calliope , Clio , Erato , Thalie , Polymnie , Uranie , Melpomène , Terpsicore , Euterpe : elles habitaient avec Apollon sur le mont Parnasse.

Dans son rapide essor , Uranie à nos yeux
Dévoile la nature et les secrets des dieux.
Des empires divers Clio chante la gloire ,
Des rois , des conquérans assure la mémoire.

P 2

Calliope, accordant la lyre avec la voix,
Éternise en ses vers d'héroïques exploits.

D'un spectacle agréable employant l'artifice,
Thalie, en badinant, sait démasquer le vice.

Melpomène avec pompe étalent ses douleurs,
Nous charme, en nous forçant de répandre des pleurs.

Erato des Amours célèbre les conquêtes,
Se couronne de myrte, et préside à leurs fêtes.

Euterpe a de la flûte animé les doux sons,
Aux plaisirs innocens consacré ses chansons.

Polymnie a du geste enseigné le langage,
Et l'art de s'exprimer des yeux et du visage.

Terpsicore, excitée au bruit des instrumens,
Joint à des pas légers des justes mouvemens.

De l'esprit d'Apollon une vive étincelle,
Des filles de mémoire anime les concerts :
      Et chef de leur troupe immortelle,
Il rassemble en lui seul tous les talens divers.

Danchet.

Phaéton.   Parmi les enfans d'Apollon, Phaéton est un des plus célèbres. Il eut la témérité de vouloir conduire le char du soleil, son père ; mais comme il le menait mal, Jupiter le frappa d'un coup de foudre qui le précipita dans l'Éridan, aujourd'hui le Pô, fleuve d'Italie.

Le sort de Phaéton se découvre à mes yeux.
      Dieux ! je frémis ! que vois-je ô dieux !
Tremblez pour votre fils, ambitieuse mère !
      Où vas-tu jeune téméraire ?
Tu dois trouver la mort dans la gloire où tu cours.
      En vain le Dieu qui nous éclaire,
En pâlissant pour toi, se déclare ton père :
      Il doit servir à terminer tes jours.

Quinault.

Héliades.   Ses sœurs, les Héliades, furent changées en peupliers. Elles sont appelées les *Hélia-*

des, parce qu'elles étaient filles du Soleil ; arc ηλιος en grec signifie *le Soleil.*

Quelques-uns mettent l'Aurore au nombre des enfans d'Apollon. Celle-ci eut pour mari Titon, fils de Laomédon, roi de Troye. Elle obtint pour lui, de Jupiter, l'immortalité ; mais elle ne put en obtenir, ou plutôt elle ne songea point à demander qu'il eût le privilége de demeurer toujours jeune. De sorte que se voyant accablé par son grand âge, il souhaita et obtint d'être changé en cigale. L'Aurore fut mère de Memnon, qui dans la guerre de Troye vint au secours de Priam. Il fut tué par Achille ; sa mère le pleura long-temps, et ce sont ses larmes qui ont fait la rosée. Du bûcher de Memnon sortirent les oiseaux Memnonides. Les Egyptiens lui dressèrent une statue fameuse. On dit que lorsqu'elle était frappée des premiers rayons du soleil levant, elle rendait un son semblable à celui d'une voix harmonieuse.

Aurore.

Titon.

Memnon.

VII. DIANE.

DIANE était sœur d'Apollon. On la nommait *Lune* dans le ciel, *Diane* sur la terre, et *Hécate* dans les enfers, et sous ces trois différens noms, elle n'était qu'une même divinité ; c'est pourquoi les poètes l'appellent *Déesse à trois formes* et *triple Hécate.*

Brillant astre des nuits, vous réparez l'absence
Du Dieu qui nous donne le jour ;
Votre char, lorsqu'il fait son cour,
Impose à l'Univers un auguste silence,
Et tous les feux du ciel composent votre cour.
En descendant des cieux, vous venez sur la terre
Régner dans les vastes forêts ;
Votre noble loisir sait imiter la guerre :
Les monstres dans vos jeux, succombent sous vos traits.
Jusques dans les enfers votre pouvoir éclate ;
Les mânes en tremblant écoutent votre voix.
Au redoutable nom d'Hécate,
Le sévère Pluton rompt lui-même ses lois.

Fᴏɴᴛᴇɴᴇʟʟᴇ.

Comme elle aimait beaucoup la chasse, elle était la déesse des chasseurs. Elle garda toujours sa virginité, et changea en cerf le chasseur Actéon, pour être venu, quoique sans dessein, dans un endroit où elle se baignait avec ses Nymphes. Elle eut à Ephèse un temple fameux, qui a été mis au nombre des sept merveilles du monde, et qui fut brûlé par Erostrate le même jour qu'Alexandre le grand vint au monde, pendant que Diane était occupée, dit-on, aux couches d'Olympias. Erostrate mit le feu à ce temple, dans la seule vue de rendre son nom célèbre. Les Ephésiens défendirent en vain que l'on prononçât son nom.

Diane avait aussi un autel dans la Chersonnèse Taurique, vers le Pont-Euxin. On immolait sur cet autel des victimes humaines, sur-tout ceux qui avaient le malheur de faire naufrage sur ces côtes funestes.

VIII. Bacchus.

Jupiter eut Bacchus de Sémélé, fille de
Cadmus, roi de Thèbes. On dit que Bacchus étant venu au monde avant terme, il
fut enfermé dans la cuisse de Jupiter, jusqu'à ce que le reste du temps qu'il aurait
passé dans le sein de sa mère fût accompli.

Pour bien entendre cette aventure, il
faut savoir que Junon, jalouse des visites
que Jupiter rendait à Sémélé, se transfor-
ma en vieille, et lui persuada de demander à Jupiter de venir la voir avec le même
appareil qu'il prenait lorsqu'il allait rendre
visite à Junon. Sémélé entra dans ce sentiment sans peine ; elle fit promettre à Jupiter de lui accorder la grâce qu'elle allait
lui demander. Jupiter jura par le Styx de
l'accorder. Sémélé s'expliqua, et Jupiter
fut contraint, malgré lui, de tenir parole.
Sémélé fut brûlée par la foudre. Jupiter
prit l'enfant dont elle était grosse, et le
mit dans sa cuisse, où il le garda aussi
long-temps que Sémélé l'aurait porté, si
elle fût accouchée à terme. *Ovid. Mét.
lib.* 3.

Quand Bacchus eut un certain âge, il
parcourut le monde, et se rendit maître
de l'Inde.

On dit qu'il a trouvé l'usage du vin. On
lui immolait un bouc, parce que cet animal ronge les bourgeons des vignes.

Prends part à la juste louange
De ce dieu si cher aux guerriers ,
Qui couvert de mille lauriers
Moissonnés jusqu'au bord du Gange ,
A trouvé mille fois plus grand
D'être le dieu de la vendange ,
Que de n'être qu'un conquérant.

Rousseau.

On dit encore que Bacchus est le premier qui ait attelé des bœufs à la charrue , et c'est pour cela qu'on le peint avec de cornes à la tête , qui marquent aussi la force et la hardiesse ordinaires à ceux qui sont ivres. Le lierre lui est consacré , parce qu'on croit que cette plante , par sa froideur naturelle , dissipe les fumées du vin. Il portait une javeline entourée de lierre et de pampres. Cette javeline s'appelle *Thyrse.* Ce mot est grec θυρσος , et signifie proprement *la tige d'une plante.* Des femmes appelées *Bacchantes* , portaient aussi un thyrse à la main : lorsqu'elles célébraient les fêtes de Bacchus , elles avaient les cheveux épars , et fesaient des hurlemens extraordinaires. Ces fêtes s'appelaient *Triétériques* , parce qu'elles étaient célébrées tous les trois ans. τριετηρικὸς est un mot qui veut dire *triennal* , de τρία *trois* , et d'ἔτεα nominatif pluriel d'ἔτος neutre , *année.*

Ces fêtes étaient aussi appelées *Orgies* , à cause de la fureur des Bacchantes. Ce mot *Orgies* est purement grec , ὄργια et vient de ὀργὴ , *impétuosité* , *fureur.* On le disait d'abord de toutes sortes de fêtes ; mais on l'a restreint aux fêtes de Bacchus. Les Bacchantes , couvertes de peaux de tigres et de panthères, et quelquefois ayant de flambeaux à la main, erraient par les montagnes, ce qui se pratiquait sur-tout dans la Thrace. Elles étaient aussi appelées *Ména-* Ménades. *des*, du grec μαινας, μαιναδος, qui vient de μαίνομαι *furo*, je suis en fureur.

Outre les noms que nous venons de donner à Bacchus, on l'appelait encore Noms de *Dionysius*, ou *Dionius*, mot tiré de Διὸς, Bacchus. nom de Jupiter, son père, et de la ville de Nysa, où il régna, ou bien des Nymphes de la ville de Nysa, par lesquelles il fut élevé. Les Latins l'appelaient ordinairement *Liber*, parce qu'il n'y a rien de plus libre qu'un homme ivre, ni personne plus exempt de souci. Les Grecs le nommaient *Lyæus*, ce qui répond au *Liber* des Latins. *Lyæus* en grec λυαῖος vient de λυω *solvo*, parce qu'en effet le vin délie, pour ainsi dire, l'esprit de tout soin et de tout chagrin et fait dire librement tout ce qui vient dans la pensée.

Les fêtes de Bacchus s'appelaient aussi Fêtes de *Dionysia* parmi les Grecs ; les Latins les Bacchus. appelaient *Libéralia* ou *Bacchanalia*. On en célébrait de singulières dans les villages de l'Attique ; on les appelait *Ascolies*, du grec ασκὸς, qui signifie *outre ;* c'est-à-dire, *peau de bouc* ou *de chèvre*. Après avoir enflé de vent ces peaux de bouc, comme on enfle un ballon ou une vessie, et après les avoir frottées d'huile, on allait dans une prairie, où les habitans du lieu sautaient sur ces peaux d'un seul pied, tenant l'autre plié et suspendu en l'air ; ceux qui se laissaient tomber, fesaient rire toute cette assemblée champêtre.

Les Romains célébrèrent dans la suite de pareilles fêtes. *Virg. Georg.*, *lib. 2, v. 384.* Ils se servirent du mot de *cernuare*, pour marquer l'action de ceux qui se laissaient tomber dans ces jeux-là. *Cernuus*, courbé, prosterné.

Il y a des savans qui prétendent que Bacchus est le *Nembrod* de l'écriture-sainte ; car, en hébreu, *Nembrod* est appelé *Bacchus*, c'est-à-dire, fils de *Chus*. D'autres disent que c'est Moyse qui a donné lieu aux païens d'imaginer Bacchus, et trouvent plusieurs rapports entre ce qui est écrit de Moyse, et ce que les poètes disent de Bacchus. Presque tous les auteurs croient que Bacchus est une copie de Noé, qui a planté la vigne et qui a montré à faire le vin, ou qui en a rétabli l'usage. C'est dans cet esprit qu'ils expliquent ce que les poètes racontent de Bacchus ; mais il n'est pas étonnant que les païens qui avaient une divinité pour le blé, une autre pour l'huile, une autre pour les fleurs, etc., aient inventé d'eux-mêmes un dieu pour le vin.

Les poètes disent que Bacchus a été élevé par des Naïades, nymphes qui président aux fontaines. C'est une leçon qui nous apprend à mettre de l'eau dans notre vin.

On peint toujours Bacchus avec un visage d'enfant ; en effet, le vin fait tomber dans une espèce d'enfance. On le peint nu ,

parce qu'un homme ivre découvre aisément
sa pensée, et ne saurait garder du secret. On
lui donne des furieux pour compagnons, et
on attèle des tigres à son char, parce que le
vin fesant secouer le joug de la raison à ceux
qui usent sans modération de cette liqueur,
excite en eux la colère et la fureur, et les
rend semblables à des bêtes féroces.

IX. Mercure.

Mercure, fils de Maïa, fille d'Atlas, fut
l'interprète et le messager de Jupiter et des
autres dieux; c'est pour cela qu'il avait des
aîles à la tête et aux pieds, afin qu'il pût
exécuter plus promptement les ordres des
dieux. Il tenait un caducée à la main, et
voici pourquoi. On dit que Mercure vit un
jour deux serpens qui se battaient; il les
sépara, en mettant entre deux le bâton qu'il
tanait à la main : de là vient qu'il portait un
grand bâton entouré de deux serpens; c'est
ce qu'on appelle son caducée, qui était le
symbole de la paix et de l'alliance.

> A ses pieds il attache
> Ces aîles dont il s'ouvre un chemin dans les airs,
> Qui le portent d'un vol de l'olympe aux enfers;
> Il arme aussi son bras du divin caducée,
> Dont la double puissance à son choix exercée,
> Telle qu'un bruit perçant, ou que les froids pavots,
> Impose aux yeux mortels ou ravit le repos.
>
> LAMOTTE.

Comme Mercure était le ministre et le
messager des dieux, on lui donna aussi

le nom de Camile , nom que les anciens donnaient aux jeunes gens qui les servaient, et sur-tout aux jeunes ministres des sacrifices.

Le nom de Mercure vient du latin *merx* , marchandise , ou *mercatura* , négoce, commerce. Mercure présidait au commerce. Un autre emploi de Mercure était de conduire les ames des morts aux enfers , et de les en faire sortir quand il le fallait. Une troisième fonction de ce dieu était de favoriser les voleurs. Il excellait aussi à la lutte et dans l'éloquence, et souvent on le représentait avec des chaînes d'or qui sortaient de sa bouche , avec lesquelles il attachait ceux qui l'écoutaient. De là vient que les Hermès. Grecs l'ont appelé *Hermès* , Ἑρμῆς ; car en grec , Ἑρμεύς veut dire *interprète*. Parmi les Romains , les statues de Mercure étaient placées dans les carrefours , et autres endroits où plusieurs chemins aboutissent , et elles servaient à montrer le chemin. Elles n'avaient ni pieds ni mains , et on les appelait *Hermæ* , Hermès. Les Romains avaient aussi coutume de placer ensemble les statues de Mercure et de Minerve , et de les mettre sur un même piédestal. Ces doubles statues s'appelaient *Hermathènes.* *Hermathena* , Ἑρμαθήνη , est un mot composé de *Hermès* , Ἑρμῆς , *Mercure* et de *Athéné* , Ἀθήνη , surnom de Minerve. Il y avait d'autres doubles statues de Cupidon et de Mercure ; on les appelait *Hermérotes.* Ce mot est composé de Hermès , Ἑρμῆς , *Mercure* , et de *eros* , ἔρως , *amor* , l'amour.

X. VÉNUS.

X. Vénus.

LE paganisme n'ayant point été renfermé dans une seule contrée, il n'est point éton- nant qu'il se trouve tant de variété touchant le nom, l'origine et l'histoire de la même divinité. Par-tout on reconnaissait une divinité qui présidait à la propriété qu'ont presque tous les êtres de se reproduire ; mais les Latins l'appelaient *Vénus*, et les Grecs *Aphrodité*. Ici elle était née de l'écume de la mer, ailleurs elle était fille de Jupiter et de Dione. Il est même arrivé que les histoires que l'on publiait de la Vénus d'un pays, ont été attribuées aussi dans la suite à la divinité à qui on donnait ailleurs les mêmes fonctions.

Différens sentimens

Cicéron, au troisième liv. de la nat. des dieux, n. xxiii ou 59, dit que la Vénus la plus ancienne était fille du ciel et de la déesse du jour, *cœlo et die nata*. « Il y a,
» dit-il, en Elide, un temple de cette
» Vénus. La seconde Vénus, poursuit-il,
» a été formée de l'écume de la mer : c'est
» d'elle et de Mercure qu'on dit que Cu-
» pidon second est né. La troisième est
» fille de Jupiter et de Dione ; c'est celle
» qui fut la femme de Vulcain, et c'est
» d'elle et de Mars qu'est né Antéros. La
» quatrième Vénus est fille de la déesse
» Syrie et de Tytus : elle est appelée *As-*
» *tarte ;* c'est celle qui épousa Adonis ».

Q

Il y avait aussi une Vénus céleste, déesse de l'amour pur, et une Vénus qu'on appelait *Vénus la populaire*, déesse de l'amour charnel, et enfin Vénus *apostrophia*, du grec απυσριφα, *averto*, parce qu'elle détournait les cœurs de toute impureté. La Vénus née de l'écume de la mer, est appelée *Vénus marine*.

Au reste, c'est une erreur de ne regarder Vénus que comme la déesse des sales plaisirs. Les païens la regardaient plutôt comme la déesse des reproductions, c'est-à-dire, de cette propriété qu'ont presque tous les êtres de produire leurs semblables, et qui se fait voir plus sensiblement dans les animaux et dans les plantes.

Voici ce que le P. Jouvenci dit de Vénus.

Vénus était fille de Jupiter et de Dione, et mère de Cupidon : elle eut aussi pour fils Priape, dieu des Jardins, et Hyménée, qui présidait aux noces. Elle fut aussi mère d'Enée, qu'elle eut d'Anchise. Ses filles

Carites ou Graces. sont les Carites ou les Graces. Elles étaient au nombre de trois; savoir, Aglaïc, Thalie, Euphrosine. Ce mot *Carites* vient du grec χαρις, χαριτος, *gratia*. Vénus était principalement honorée à Amathonte, ville de Chypre; à Cythère, isle au midi du Péloponnèse; et à Paphos, ville de Chypre.

Noms de Vénus. Vénus est appelée *Cypris*, c'est-à-dire, *Cyprienne*, parce qu'elle était honorée dans l'isle de Chypre, où la ville et la montagne d'Idalie lui étaient principalement consacrées. Elle était aussi appelée

Cythérée , parce que d'abord après que Vénus eut été produite de l'écume de la mer , elle fut portée à l'isle de Cythère sur une conque marine , et y fut particulièrement honorée.

Les savans croient qu'Astarte , déesse des Sidoniens , est la même divinité que Vénus ; c'est-à-dire , que la déesse de l'amour était appelée *Astarte* chez les Sidoniens.

Pitho ou Suada , déesse de l'éloquence , est souvent regardée comme la compagne de Vénus. Pitho vient du grec πειθω, *persuadeo.* Le char de Vénus était traîné par des colombes , par des cygnes , ou par des moineaux. Elle passait pour la déesse de l'impureté , ce que les païens avaient imaginé , afin de ne point rougir de ce que n'étant que de misérables mortels , ils se plongeaient dans le bourbier des plaisirs infames , puisqu'ils avaient des dieux qui les portaient à ces désordres par leurs exemples et par leurs inspirations.

Vénus eut Vulcain pour mari ; mais elle n'eut de lui aucun enfant.

Pitho ou Suada.

Vulcain.

XI. Neptune.

Neptune , frère de Jupiter , eut l'empire de la mer en partage. Il avait pour sceptre un trident , pour char une coquille d'une grandeur extraordinaire , et pour chevaux des hippopotames, ou chevaux marins, qui n'avaient que les deux pieds de devant : la partie inférieure de leur corps se terminait en queue de poisson. Il avait pour garde les Tritons. Sa femme s'appelait *Amphitrite*, et ses filles *les Harpies*. L'Océan, fils de Neptune, père des fleuves, épousa Thétis, dont il eut Nérée et Doris. De Nérée et de Doris vinrent les nymphes, dont les unes étaient appelées *Néréïdes* ; c'étaient elles qui présidaient à la mer : d'autres s'appelaient *Naïades*, et présidaient aux fleuves et aux fontaines. Ce mot *naïades* vient du grec *naïein* ναιειν, qui signifie, *couler, se répandre*.

Il y avait encore *les Napées* ; *les Dryades* et *les Hamadryades*, qui présidaient aux forêts et aux prairies. *Napée* vient de *napé* ναπη, forêt, descente ou vallée pleine de bois. *Dryade* vient de *drus* δρυς, chêne, arbre. *Les Hamadryades* étaient des nymphes, qu'on croyait naître et mourir avec les chênes ; ce mot vient de *ama*, αμα, ensemble ; et de *drus*, δρυς, chêne. Il y avait encore les *Oréades* ; c'étaient les nymphes des montagnes : *oros*, ὁρος, ὁρεος, signifie *montagne*.

Thétis, femme de Pélée, fut célèbre parmi les Néréïdes. Prothée, aussi fils de l'Océan, était le pasteur de Neptune ; il gardait ses veaux marins. Les Latins l'appelaient *Vertumnus*, de *vertere*, changer, tourner, parce qu'il prenait toutes sortes de formes.

Tel que le vieux pasteur des troupeaux de Neptune ,
Prothée , à qui le ciel , père de la fortune ,
    Ne cache aucuns secrets ,
Sous diverse figure , arbre , flamme et fontaine ,
S'efforce d'échapper à la vue incertaine
    Des mortels indiscrets.

Rousseau.

Parmi les divinités de la mer , on compte aussi Glaucus , Ino , et son fils Mélicerte.

Ovide raconte comment Glaucus devint Dieu. Pour ce qui est d'Ino , elle était fille de Cadmus et sœur de Sémélé : elle fut femme d'Athamas , roi de Thèbes. Junon , toujours irritée contre le sang d'Agénor , père d'Europe et de Cadmus , fit entrer Athamas dans une telle fureur , qu'il voulut tuer Ino , sa femme. Ino , pour éviter la fureur de son mari , se précipita dans la mer avec son fils Mélicerte. Neptune ayant compassion de l'un et de l'autre , les mit au nombre des dieux de la mer , et donna à Ino le nom de *Leucothée* , et à Mélicerte celui de *Palémon*.

Lorsque quelque mortel était ainsi déifié , on lui donnait ordinairement un autre nom : Romulus fut appelé *Quirinus* ; Sémélé , *Thione* ; ainsi des autres.

Entre les dieux de la mer , on ne doit pas oublier Eole , qui est l'arbitre de la mer. Son palais , où est aussi la prison des vents , est auprès de la Sicile dans les isles Eoliennes. Scylla et Charibde sont deux monstres marins , que les poètes placent dans un petit détroit qui sépare la Sicile de l'Italie.

Q 3

L'une se cache sous sa roche
Où tout nocher qui s'en approche
Trouve le trépas qui l'attend ;
L'autre dans sa soif renaissante,
Engloutit la mer mugissante,
Qu'elle revomit à l'instant.

LAMOTTE.

Syrènes. Les Syrènes se tenaient aussi dans le même endroit : elles attiraient vers elles les passagers par la douceur de leur chant ; et ensuite elles les fesaient échouer contre des bancs de sable et contre des écueils.

Nos chants harmonieux forcent tout à se rendre ,
  Nous disposons des cœurs à notre gré ;
    Dès que nos voix se font entendre ,
  Notre triomphe est assuré.

FONTENELLE.

Les peintres des derniers temps représentent les Syrènes sous la figure de femmes , qui de la ceinture en bas , avaient la forme de poisson ; mais cette peinture convient aux Néréïdes , et non aux Syrènes. Les Syrènes, selon l'opinion des anciens, avaient la tête et le corps de femme jusqu'à la ceinture , et la forme d'oiseau de la ceinture en bas ; ou bien elles avaient tout le corps d'oiseau , et seulement la tête de femme. Au reste, les Syrènes étaient filles du fleuve Achéloüs et de la muse Terpsycore, ou , selon Servius, de Calliope. Elles étaient au nombre de trois ; quelques-uns en comptent pourtant jusqu'à cinq. *Antiquité expliquée*, tom. 1, part. 2, page 391. *Natalis comes , lib. vij , cap.* 13.

XII. Pluton.

Pluton, dieu des enfers, eut pour femme Proserpine : elle était fille de Cérès, et Pluton fut contraint de l'enlever, parce qu'il ne trouvait aucune déesse qui voulût être la femme du maître d'un royaume aussi affreux que le sien.

Proser-
pine.

> Là règne en un morne silence
> Ce tyran aux sévères traits,
> Près de la beauté dont l'absence
> Coûta tant de pleurs à Cérès.
> La douleur, la faim, le carnage,
> Le désespoir, l'aveugle rage,
> Sont ses ministres odieux ;
> Et, pour plaire aux lois du Ténare,
> Se disputent l'honneur barbare
> De mieux peupler les sombres lieux.

LAMOTTE.

Les fleuves des enfers étaient l'Achéron, le Cocyte et le Phlégéton. Il y avait encore le Styx, qui était un marais et aussi un fleuve des enfers. Le Styx est une fontaine d'Arcadie, dont l'eau est mortelle ; elle forme un ruisseau qui demeure long-temps caché sous terre. Platon, dans le *Phœdon*, dit que quand ce fleuve entre dans les enfers, il forme d'abord un marais.

Fleuves.

Cerbère était le portier des enfers : c'était un chien à trois têtes. Caron était le nautonnier : c'était un vieillard inexorable. Les trois furies fesaient la fonction de bourreaux ; elles s'appelaient *Alecto*, *Mégère*,

Cerbère.

Caron.

Furies.

Tisiphone. Elles tenaient un fouet d'une main, et de l'autre un flambeau.

> Monarque, esclave de Pluton,
> Vas, tu changeras de langage,
> Quand tes yeux verront Alecton
> Qui veille en ce sombre rivage.
> Ajax la vit : il tremble encor ;
> Pâris la craint auprès d'Hector :
> Elle est pire que les chimères ;
> D'un flambeau toujours allumé
> Son bras sanguinaire est armé,
> Et son front monstrueux est orné de vipères.
>
> ROUSSEAU.

Parques. Les trois Parques, Clotho, Lachésis, Atropos, étaient dans la dépendance de Pluton. Elles tenaient la quenouille fatale garnie tantôt de laine noire, et tantôt de laine blanche, dont elles tiraient un fil, qui était la mesure de la vie de chaque homme ; car on mourait quand ce fil était une fois coupé. Les ames des morts que Caron passait à l'autre bord, étaient con *Juges.* duites par Mercure devant les juges des enfers, Eacus, Minos et Rhadamante.

> Tu paraîtras au tribunal
> Où Minos, ce juge infernal,
> Chef du Sénat le plus sévère,
> Minos soumet aux mêmes lois
> Les vils esclaves et les rois,
> Les mène aux champs heureux ou les livre à Mégère.
>
> ROUSSEAU.

Elisée. Après avoir examiné la vie de chacun, ils envoyaient dans l'Elisée ceux qui avaient vécu en honnêtes gens.

Un ciel plus pur, des astres plus sereins,
Furent créés pour ces champs souterrains.
Ils ont aussi leur soleil, leurs étoiles,
La nuit pour eux n'a point de tristes voiles ;
Dans des forêts de lauriers toujours verts,
Sur des gazons de fleurs toujours couverts,
Parmi les jeux, ces ombres fortunées
Coulent en paix leurs saintes destinées.

ROUSSEAU.

Hors des atteintes de l'envie,
Le sort qu'on goûte en ces climats
N'est plus, ainsi que notre vie,
La triste attente du trépas :
Jouissant de tout ce qu'il aime,
Chacun porte le plaisir même
Peint sur un visage riant ;
Et les cœurs, fermés à la plainte,
Ignorent l'inquiète crainte
Et le desir impatient.

LAMOTTE.

Ils renfermaient dans le Tartare ceux Tartare.
qui avaient mené une vie déréglée. Ovide
fait la description de leurs supplices, et
nous apprend les noms des plus fameux
coupables.

Qu'entends-je ? le Tartare s'ouvre ;
Quels cris ! quels douloureux accens !
A mes yeux la flamme y découvre
Mille supplices renaissans.
Là, sur une rapide roue,
Ixion, dont le ciel se joue,
Expie à jamais son amour :
Là, le cœur du géant rebelle
Fournit une proie éternelle
A l'avide faim du vautour.

LAMOTTE.

Ixion, roi des Lapites, était attaché avec Ixion.
des serpens à une roue qui tournait sans
cesse.

Tithius.

Tithius, géant d'une grandeur extraordinaire, en punition de l'insulte qu'il avait faite à Latone, fut tué par Apollon et Diane et ensuite enchaîné aux enfers, où un vautour lui déchirait le foie qui renaissait toujours.

Danaïdes.

Les Danaïdes étaient condamnées à remplir d'eau un tonneau percé, pour avoir fait mourir leurs maris le premier jour de leurs noces. Elles étaient cinquante. Hypermnestre fut la seule qui refusa d'obéir.

Tel qu'au séjour des Euménides
On nous peint ce fatal tonneau,
Des sanguinaires Danaïdes
Châtiment à jamais nouveau :
En vain ces sœurs veulent sans cesse
Remplir la tonne vengeresse ;
Mégère rit de leurs travaux ;
Rien n'en peut combler la mesure,
Et, par l'une et l'autre ouverture
L'onde entre et fuit à flots égaux.

Autour d'une tonne percée,
Se lassent ces nombreuses sœurs,
Qui sur les frères de Lyncée
Vengèrent de folles terreurs.

Sur cette montagne glissante
Elevant sa roche roulante,
Sisyphe gémit sans secours :
Et, plus loin, cette onde fatale
Insulte à la soif de Tantale,
L'irrite et la trahit toujours.

Lamotte.

Sisyphe.

Sisyphe, fils d'Eole, fameux brigand, fut tué par Thésée, et condamné à rouler au haut d'une montagne escarpée un rocher qui retombait sans cesse.

Les ames qui avaient été envoyées dans

les Champs-Elisées , en étaient rappelées
après un certain nombre d'années , et passaient dans d'autres corps pour commencer
une nouvelle vie ; mais avant que de sortir
de cet heureux séjour , elles buvaient de
l'eau du fleuve Léthé , qui avait la propriété   Léthé.
de faire oublier tout le passé. Les ames de
ceux dont les corps étaient privés de la
sépulture , erraient pendant cent ans sur
le rivage du Styx ; mais après ce temps-là ,
Caron les passait de l'autre côté.

La description qu'un de nos poètes a faite   Orphée.
de la descente d'Orphée aux enfers , mérite
de trouver place ici.

Un mortel , qui l'eût cru ? jusqu'au sombre rivage
Par ses divins accens s'est ouvert un passage ;
De tout ce qui l'entend il dissipe l'horreur ;
Cerbère , à son approche , a perdu sa fureur ;
Et Caron , enchanté sur la rive infernale ,
L'a reçu sans effort dans la barque fatale.
. . . .
. . . .
J'ai vu de Danaüs les filles attentives ,
Laisser l'onde tranquille et leurs urnes oisives ,
J'ai vu les fières sœurs oublier leur devoir ;
Jusqu'au fonds de ses eaux l'Achéron s'émouvoir ;
Ixion et Sisyphe , à cette heureuse approche ,
S'assoir , l'un sur sa roue et l'autre sur sa roche ;
Tithie à son vautour cesser d'être livré ,
Et Tantale abreuver son gosier altéré.

LA GRANGE CHANCEL.

Entre les différens noms de Pluton , il y   Noms de
en a trois de remarquables , *Orcus*, *Februus* Pluton.
et *Dis*. Il était appelé *Orcus* , comme qui
dirait *Urgus* ou *Uragus* , du latin *urgere* ,

presser, contraindre, parce que ce dieu force tous les hommes à mourir. Il s'appelait aussi *Februus*, de l'ancien verbe *februo*, qui signifie *purifier*, parce que dans les cérémonies funèbres on fesait beaucoup de lustrations et de purifications. On fesait certains sacrifices principaux en l'honneur de Pluton, qui par la raison que nous venons de dire, s'appelaient *Februa*, c'est-à-dire, *sacrifices expiatoires:* et c'est de là que le mois de février a pris son nom, parce que c'était dans ce temps-là que l'on fesait ces sacrifices. Le nom de Pluton vient du mot grec *Plutos* πλητος, qui signifie les richesses, parce que la sage prévoyance de la nature a enfermé dans les entrailles de la terre, l'or et les autres métaux, pour les cacher à la cupidité des hommes, en les approchant des enfers ; ainsi elle les a mis sous la puissance de Pluton, à ce que disent les poètes ; c'est pour cela que les Latins l'appelaient *Dis.* Les poètes ont pourtant encore imaginé un dieu particulier pour les richesses, nommé *Plutus*, ministre de Pluton, et fils de Cérès et de Jasion. Théocrite et Aristophane disent qu'il était aveugle. Suivant ce dernier, Plutus, au commencement, avait la vue bonne, et ne s'attachait qu'aux Justes ; mais Jupiter lui ayant fait perdre la vue, les richesses devinrent indifféremment le partage des bons et des méchans. On a dit de Plutus qu'il était aveugle et très-agile pour aller chez les méchans, mais qu'il était boîteux pour aller chez les hommes vertueux.

XIII.

XIII. Pan, Faune, les Satyres, etc.

COMME le ciel et les enfers avaient leurs divinités particulières, la terre avait aussi les siennes. Le dieu Pan et la déesse Palès étaient les principales divinités terrestres.

Pan, fils de Mercure, avait la tête, les pieds, la barbe et les cornes d'un bouc. Les Satyres, qui avaient aussi la même figure, étaient ses compagnons, aussi bien que le dieu Silvain, qui présidait aux forêts. Il était particulièrement honoré dans l'Arcadie. Les Romains célébraient les Lupercales en son honneur dans le mois de février. Pendant ces fêtes, les prêtres de Pan, appelés *Luperques*, couraient tout nus par la ville.

Ce mot *Lupercalia* vient de *Lupercal*, qui était une grotte sur le mont Palatin, dans laquelle on croyait à Rome qu'une louve avait allaité Rémus et Romulus. Les Lupercales se célébraient autour de cette grotte. D'autres disent que ces fêtes étaient ainsi appelées, parce qu'elles se fesaient en l'honneur du dieu Pan, qui garantit les troupeaux des insultes du loup.

Pan, comme ce mot grec le marque, et comme Servius l'assure, était le symbole de l'Univers, dans lequel les hommes sont mêlés avec les bêtes ; c'est pourquoi Pan avait par en haut la figure d'un homme, par en bas celle d'une bête. Il portait une sorte de flûte à plusieurs tuyaux, pour marquer l'harmonie

R

des parties du monde unies ensemble dans un ordre et un concert admirables. Pausanias raconte que lorsque les Gaulois, qui parcoururent la Grèce sous la conduite de Brennus, se disposaient à piller le temple de Delphes, Pan répandit tout d'un coup sur eux une terreur imprévue, qui leur fit prendre la fuite. De là vient que l'épouvante où l'on tombe quelquefois sans sujet, s'appelle *terreur panique*.

Palès était invoquée par les pasteurs. On la croyait la même que Cybèle. Ces fêtes appelées *Palilia*, étaient célébrées vers la fin d'avril. Faune, fils de Picus, roi des Latins, était aussi au nombre des dieux champêtres, parce qu'il avait donné aux hommes plusieurs instructions sur l'agriculture. Pomone était la déesse des fruits, Flore ou Cloris celle des fleurs. Les jeux que l'on célébrait en son honneur s'appelaient les *Jeux Floraux* : on les publiait à son de trompe. De plus, les païens avaient imaginé une divinité particulière qui présidait à chaque fontaine, à chaque fleuve, à chaque maison, et une pour chaque homme. Les dieux domestiques s'appelaient *Lares* ou *Pénates*. Il y avait aussi des Lares qui présidaient aux rues, aux carrefours, aux chemins, et c'était là qu'on leur rendait un culte divin. Les fêtes que l'on célébrait en leur honneur s'appelaient *Compitales*, du latin *Compita*, places où aboutissent plusieurs rues ou plusieurs chemins. Dans le temps de ces jeux, on suspendait dans les carrefours des hommes de laine ; c'étaient des effigies que l'on regardait comme des victimes d'expiation , et on priait les dieux Lares de tourner toute leur colère sur ces figures , et de faire tomber sur elles les peines que les hommes pourraient avoir méritées. Lorsque les enfans quittaient les bulles qu'ils portaient au cou , on consacrait ces bulles aux dieux Lares. Les chiens, animaux domestiques et fidèles , leur étaient consacrés. Les dieux Lares étaient même vêtus d'une peau de chien. L'appartement de la maison où étaient les statues des dieux Lares s'appelait *Lararium.* On les appelait aussi *Præstites* , c'est-à-dire , tutélaires ou bienfaiteurs , du latin *Præstare* , être debout , ou procurer , parce qu'on les regardait comme étant toujours prêts à procurer aux familles les avantages dont elles avaient besoin.

La divinité particulière à chaque homme s'appelait *Génie* , et on croyait que ce Génie naissait et mourait avec l'homme. Chacun avait deux Génies , l'un blanc et favorable , l'autre noir et funeste. Si celui-ci était plus fort que le blanc , il causait toutes sortes de maux au malheureux auquel il était attaché. Les Génies des femmes s'appelaient *Junons.* Le serpent était consacré aux Génies. *Génie.*

La Fortune tenait , pour ainsi dire , le gouvernail des choses humaines , déesse aveugle , et qui n'est constante que dans son inconstance. *Fortune.*

Pourquoi d'une plainte importune
Fatiguer vainement les airs ?
Aux jeux de l'aveugle fortune
Tout est soumis dans l'Univers.

R 2

Ainsi de douceurs en supplices
Elle nous promène à son gré :
Le seul remède à ses caprices,
C'est de s'y tenir préparé.

Rousseau.

On avait une dévotion particulière pour cette déesse, et il paraît qu'on lui avait élevé plusieurs temples en différens endroits sous différens noms. *Némésis.* Némésis châtiait ceux qui abusaient des faveurs de la Fortune ; elle punissait aussi ceux qui, par leur ingratitude se rendaient indignes des bienfaits qu'ils avaient reçus. Ce nom lui vient du mot grec *nemeo* νεμέω, qui signifie *distribuer*, parce qu'elle partageait à chacun, selon ses mérites, les peines et les récompenses, ou de *nemesao*, νεμεταω, *s'indigner*, *être en colère.* *Adrastée.* Elle a aussi été appelée *Adrastée*, ou d'Adraste, roi d'Argos, qui, le premier, lui dressa un autel, ou parce que personne ne pouvait lui échapper : c'est ce que signifie le mot Adrastée, qu'on a fait venir de l'α privatif, et de *drasmos*, δρασμος, *fuite.*

Némésis était sur-tout honorée à Rhamnus, ville de l'Attique ; c'est pourquoi les poètes lui ont donné le nom de *Rhamnusie.* On la peignait avec des aîles, pour marquer que la peine suit de près le crime. Elle était assise sur une roue, pour montrer la vicissitude avec laquelle la punition succède à la faute.

Némésis vous observe, et frémit des blasphêmes
Dont rougit à vos yeux l'aimable vérité ;
N'attirez point sur vous, trop épris de vous-mêmes,
Sa terrible équité.

C'est elle dont les yeux certains, inévitables,
Percent tous les replis de nos cœurs insensés;
Et nous lui répondons des éloges coupables
    Qui nous sont adressés.
Rousseau.

La nuit et le sommeil, autrement Morphée, étaient aussi au nombre des dieux. Momus, né de l'un et de l'autre, présidait aux jeux et aux ris.

On avait poussé la superstition jusqu'à bâtir des temples aux crimes les plus monstrueux; tels que l'Envie, la Fraude, la Calomnie, la Discorde, la Fureur.

Description de l'Envie.

Mais que vois-je ? la noire envie,
Agitant ses serpens affreux,
Pour ternir l'éclat de ma vie,
Sort de son antre ténébreux :
L'avarice lui sert de guide;
La malice au souris perfide,
L'imposture aux yeux effrontés,
De l'enfer filles inflexibles,
Secouant leurs flambeaux horribles,
Marchent sans ordre à ses côtés.
Rousseau.

Au pied du mont où le fils de Latone
Tient son empire, et du haut de son trône
Dicte à ses sœurs les savantes leçons
 Qui de leurs voix régissent tous les sons;
La main du temps creusa les voûtes sombres
D'un antre noir, séjour des tristes ombres,
Où l'œil du monde est sans cesse éclipsé,
Et que les vents n'ont jamais caressé.
Là de serpens nourrie et dévorée,
Veille l'envie honteuse et retirée,
Monstre ennemi des mortels et du jour,
Qui de soi-même est l'éternel vautour,
Et qui traînant une vie abattue,
Ne s'entretient que du fiel qui le tue.
Ses yeux cavés, troubles et clignotans,
De feux obscurs sont chargés en tout temps.

R 3

Au lieu de sang dans ses veines circule
Un froid poison qui les gèle et les brûle,
Et qui de là porté dans tout son corps,
En fait mouvoir les horribles ressorts.
Son front jaloux, et ses lèvres éteintes,
Sont le séjour des soucis et des craintes :
Sur son visage habite la pâleur,
Et dans son sein triomphe la douleur,
Qui sans relâche à son ame infectée
Fait éprouver le sort de Prométhée.

ROUSSEAU.

Description de la Discorde.

Discorde. Ce monstre impétueux, sanguinaire, inflexible,
De ses propres sujets est l'ennemi terrible :
Aux malheurs des mortels il borne ses desseins.
Le sang de son parti rougit souvent ses mains.
Il habite en tyran dans les cœurs qu'il déchire,
Et lui-même il punit les forfaits qu'il inspire.
Son haleine en cent lieux répand l'aridité :
Le fruit meurt en naissant dans son germe infecté ;
Les épis renversés sur la terre languissent :
Le ciel s'en obscurcit, les astres en pâlissent ;
Et la foudre en éclat qui gronde sous ses pieds,
Semble annoncer la mort aux peuples effrayés.

VOLTAIRE.

On avait aussi érigé des temples aux Maladies, à la Fièvre, à la Peur, à la Pauvreté, à la Nécessité ou Destin, à la Tempête.

Description du Destin.

Destin. Loin de la sphère où grondent les orages.
Loin des soleils, par-delà tous les cieux,
S'est élevé cet édifice affreux
Qui se soutient sur le gouffre des âges.
D'un triple airain tous les murs sont couverts ;
Et sur leurs gonds quand leurs portes mugissent
Du temple alors les bases retentissent ;
Le bruit pénètre et s'entend aux enfers.

Les vœux secrets, les prières, la plainte,
Et notre encens détrempé de nos pleurs,
Viennent, hélas ! comme autant de vapeurs,
Se dissiper autour de cette enceinte.
Là tout est sourd à l'accent des douleurs.
Multipliés en échos formidables,
Nos cris en vain montent jusqu'à ce lieu ;
Ces cris perçans et ces voix lamentables
N'arrivent point aux oreilles du Dieu.
A ses regards un bronze incorruptible
Offre en un point l'avenir ramassé ;
L'urne des sorts est dans sa main terrible ;
L'âge des temps pour lui seul est fixé.
Sous une voûte où l'acier étincelle,
Est enfoncé le trône du Destin,
Triste barrière et limite éternelle,
Inaccessible à tout l'effort humain.
Morne, immobile, et dans soi recueillie,
C'est dans ce lieu que la Nécessité,
Toujours sévère et toujours obéie,
Lève sur nous son sceptre ensanglanté,
Ouvre l'abyme où disparaît la vie,
D'un bras de fer courbe le front des rois,
Tient sous ses pieds la terre assujettie,
Et dit au Temps : « Exécute mes lois ».

Dorat.

Le Temps, d'une aîle prompte et d'un vol insensible,
Fuit et revient sans cesse à ce palais terrible ;
Et de là sur la terre, il verse à pleines mains,
Et les biens, et les maux destinés aux humains.
Sur un autel de fer, un livre inexplicable,
Contient de l'avenir l'histoire irrévocable.

Voltaire.

Ce qu'il y avait d'un peu plus raisonnable, c'est qu'ils avaient aussi attribué les honneurs divins aux Vertus, à la Fidélité, à la Justice, autrement Astrée ou Thémis, à la Piété, à la Pudicité, à la Concorde, à la Vérité, à la Santé, à la Liberté, à la Paix.

Description de Thémis.

Thémis.

Je vois une auguste déesse,
De qui la droite vengeresse
Fait briller un glaive tranchant,
Dans sa gauche est une balance,
Que ni fraude ni violence,
Ne forcent au moindre penchant.
C'est Thémis; oui c'est elle-même :
Orné de l'éclat le plus beau,
Son front porte ce diadème
Que l'erreur prend pour un baudeau.

LAMOTTE.

Silence.　On rendait les mêmes honneurs au Silence. Ce dieu du Silence était appelé Harpocrate chez les Egyptiens, et Sigalion parmi les Grecs : l'un et l'autre étaient représentés tenant le doigt indice sur les lèvres, comme pour imposer silence.

L'arbre Perséa était consacré à Harpocrate, parce que la feuille de cet arbre a la forme d'une langue, et son fruit celle d'un cœur.

Parmi les Egyptiens, c'était Angéronie qui était la déesse du silence, et sa statue avait la bouche cousue et cachetée.

SECONDE PARTIE.

Des demi-Dieux et des Héros.

I. Origine de l'Idolatrie.

Après que les hommes, emportés par l'ardeur de leurs passions, furent tombés dans les plus grands crimes, alors ayant perdu le souvenir de leur origine et de leur créateur, ils se formèrent de nouvelles divinités. D'abord ils adorèrent le Soleil et la Lune, parce que rien de plus beau ne s'offrait à leurs sens, qui, seuls étaient la règle de leurs jugemens. Dans la suite ils rendirent aux hommes mêmes le culte qu'ils ne devaient rendre qu'à Dieu seul. Quelques auteurs ont imaginé que Ninus fut le premier qui tomba dans un pareil égarement, vers l'an du monde mil neuf cent quarante-cinq, et qu'ayant exposé publiquement la statue de son père Bélus, il ordonna qu'on adresserait des vœux et des prières à cette statue. A son exemple, selon ces auteurs, les nations voisines décernèrent des honneurs divins à leurs princes et à leurs héros, qui avaient bien mérité des hommes.

Ninus.

Ce fut ainsi, disent ces mêmes auteurs, que Saturne, Jupiter, Neptune, Hercule et les autres, furent mis au nombre des habitans du ciel, et que dans la suite ils passèrent pour des divinités, à qui on rendait des honneurs divins, par le suffrage unanime de toutes les nations, et sur-tout des Grecs, qui passaient pour le peuple le plus sage et le plus savant de l'Univers.

> Bientôt une foule d'idoles
> Usurpa l'encens des mortels ;
> Dieux sans force, ornemens frivoles
> De leurs ridicules autels.
> Amoureux de son esclavage,
> Le monde offrit un fol hommage
> Aux monstres les plus odieux :
> L'insecte eut des demeures saintes,
> Et, par ses desirs et ses craintes,
> L'homme aveugle compta ses dieux.

LAMOTTE.

Mais c'est peu connaître les hommes, que de penser que l'idolâtrie se soit répandue sur la terre par imitation et à l'exemple de Ninus : les hommes en trouvèrent la source dans la corruption de leur cœur, et sur-tout dans la faiblesse et le déréglement de leur imagination. On a trouvé l'idolâtrie établie dans l'Amérique, où il n'y a guère d'apparence qu'on eût jamais entendu parler de Ninus.

Ordres différens parmi les Dieux.

Quoique les païens eussent plusieurs dieux, ils établissaient cependant des ordres différens parmi les dieux ; il y en avait quelques-uns qui passaient, sans contredit, pour être les plus grands, comme Jupiter, Junon, Neptune, etc. D'autres étaient d'un ordre inférieur ; tels étaient Pan, Faune, les Satyres, les Nymphes, etc. Il y en avait quelques-uns qui n'étaient dieux qu'à demi : on les appelait demi-dieux ; c'étaient ceux qui ne descendaient des dieux que du côté de leur père ou du côté de leur mère, comme Esculape, Pollux et autres semblables. Enfin, les païens eurent la faiblesse de placer dans le ciel, et de mettre au rang des dieux, les héros qui s'étaient distingués par leurs belles actions, et par les grands services qu'ils avaient rendus aux hommes.

Nous avons parlé des deux premières sortes de dieux dans la première partie de cet Abrégé, nous allons traiter présentement des demi-dieux et des héros.

II. Persée.

Acrisius, roi d'Argos, ayant appris de l'oracle qu'il périrait par la main d'un fils que Danaé, sa fille, mettrait au monde, il enferma cette princesse dans une tour d'airain, et lui donna des gardes, afin qu'aucun homme ne pût en approcher, et qu'on ne pensât point à la lui demander en mariage. Cependant Jupiter, changé en pluie d'or, c'est-à-dire, après avoir corrompu les gardes de la princesse, trouva le secret d'entrer dans cette tour. Acrisius fit enfermer dans un coffre Persée, qui naquit de cette entrevue clandestine, et le fit jeter dans la mer; mais il fut sauvé par des pêcheurs. Dans la suite, Persée étant parvenu à l'âge viril, se trouva à des jeux publics, et il y tua, par hasard, son grand-père, sans le connaître.

Ovide, vers la fin du quatrième livre de ses métamorphoses, et au commencement du cinquième, décrit les belles actions de Persée. Pégase, dont le même Ovide fait mention, fut d'une grande utilité, d'abord à Persée, ensuite à Bellérophon, fils de Glaucus, roi de Corinthe. Celui-ci étant allé voir Prétus, roi d'Argos, la reine Sténobée conçut de l'amour pour lui; mais Bellérophon ne voulant point se rendre aux sollicitations de cette princesse, elle l'accusa auprès de son mari d'avoir voulu attenter à son honneur. Prétus, pour ne point violer le droit d'hospitalité, envoya Bellérophon chez son beau-père Iobate, roi de Lycie, avec des lettres qu'il lui donna comme de lettres de recommandation; mais au lieu de le recommander, il priait Iobate de dresser quelque piège à Bellérophon, et de le faire périr adroitement. Ces sortes de lettres furent appelées dans la suite *lettres de Bellérophon*. Iobate l'exposa d'abord à plusieurs périls diffé-rens, sur-tout à la Chimère, monstre horrible de Lycie. Bellérophon vainquit ce monstre avec le secours du cheval Pégase; mais lorsque, monté sur ce cheval aîlé, il eut la témérité de vouloir monter au ciel, Jupiter le fit tomber de cheval, et le rendit aveugle. Persée et Pégase eurent une destinée plus heureuse; car ils furent placés l'un et l'autre parmi les astres. A l'égard de Sténobée, elle se donna la mort.

III. Hercule.

DE tous les héros que l'antiquité a vantés, Hercule est le plus fameux: il était fils de Jupiter et d'Alcmène, femme d'Amphitrion, roi de Thèbes. Jupiter prit la forme d'Amphitrion pour séduire Alcmène, à laquelle il annonça cette brillante destinée.

Chez

Chez toi doit naître un fils qui, sous le nom d'Hercule,
Remplira de ses faits tout le vaste Univers.
L'éclat d'une fortune en mille biens féconde,
Fera connaître à tous que je suis ton support ;
   Et je mettrai tout le monde
   Au point d'envier ton sort.
   Tu peux hardiment te flatter
   De ces espérances données ;
   C'est un crime que d'en douter.
   Les paroles de Jupiter
   Sont des arrêts des destinées.

MOLIÈRE.

Dans ce temps-là, Sthénélus était roi de Mycène, ville de Grèce, et les destinées réservaient son royaume à Hercule. La jalouse Junon, instruite de cet arrêt du Destin, pour en détourner l'effet, prit ses mesures dans le temps qu'Alcmène était enceinte, aussi bien que la femme de Sthénélus. D'abord elle obtint de Jupiter, que celui des deux qui viendrait au monde le premier, commanderait à l'autre ; ensuite elle fit ensorte qu'Euristée, fils de Sthénélus, naquît avant Hercule. Euristée traita Hercule avec beaucoup de dureté. Mais pour revenir à Junon, cette déesse ne put attendre que ces enfans fussent parvenus à l'adolescence ; elle essaya de perdre Hercule dans le berceau ; elle lui envoya deux serpens pour le faire périr ; mais cet enfant, qui semblait avoir appris à vaincre en commençant à vivre, prit ces deux serpens et les mit en pièces. Cependant par l'entremise de Pallas, Junon parut s'adoucir à l'égard d'Hercule ; et un jour qu'elle lui donnait à téter, quelques

S

gouttes de lait se répandirent dans cette partie du ciel, qui depuis a été appelée *la voie lactée*. Cette bonté de Junon ne fut pas de longue durée; Euristée étant parvenu au trône de Mycène, elle l'engagea à exposer Hercule à plusieurs travaux, persuadée qu'Hercule en serait enfin accablé, et ne pourrait éviter d'y succomber.

Voie lac- tée.

On dit ordinairement que ces travaux sont au nombre de douze. 1. Premièrement, Euristée ordonna à Hercule de tuer le lion de la forêt de Némée, qui ravageait tout le pays. Hercule ayant attaqué cet animal, l'obligea d'entrer dans une caverne d'où il ne pouvait s'échapper, et l'étrangla. Depuis ce temps-là, Hercule porta toujours la peau de ce lion, comme un monument de sa première victoire.

Travaux d'Hercule

2. Il y avait dans les marais de Lerne, près d'Argos, une hydre plus terrible que ce lion; c'était un serpent prodigieux qui avait sept têtes; et lorsqu'on en coupait une, il en revenait plusieurs autres à la place: Hercule les coupa toutes d'un seul coup; d'autres disent qu'il les brûla.

3. Un cruel sanglier, qui fesait sa demeure sur le mont Erymante, ravageait toute la campagne d'alentour: Hercule le prit tout en vie et l'amena à Euristée.

4. Il y avait aussi sur le mont Ménale une biche qui fesait de grands ravages; elle avait les pieds d'airain et les cornes d'or: Hercule l'atteignit après un an entier de

poursuite, et la tua à coups de flèches.

5. Certains oiseaux du lac Stymphale, dans l'Arcadie, fesaient encore de plus grands dégâts ; ils étaient d'une grandeur et d'une force extraordinaires, et déchiraient les passans à coups de griffes : Hercule s'acquit beaucoup de gloire en les chassant de ce pays-là.

6. La défaite des Amazones auprès du fleuve Thermodon, lui acquit encore plus d'honneur.

7. Il tua aussi deux tyrans fameux, Diomède et Busiris : ce dernier immolait à Jupiter les voyageurs, et tous les étrangers qui venaient dans son royaume, sans aucun égard pour le droit d'hospitalité : l'autre, qui était roi de Trace, les fesait fouler aux pieds et dévorer par des chevaux féroces.

8. Gérion, roi d'Espagne, ne cédait en rien en cruauté à ces deux tyrans, et de plus il avait trois corps : Hercule le tua aussi.

9. Ce héros s'acquit encore la réputation d'homme fort ingénieux, par la manière dont il nettoya les écuries d'Augias, roi d'Elide : le fumier qui s'y était amassé depuis un grand nombre d'années, infectait l'air d'une odeur pestilentielle ; Hercule détourna le fleuve Alphée, et le fit passer dans ces écuries ; ainsi les ordures en furent emportées par les eaux du fleuve.

10. Il fit voir une adresse égale, lorsqu'il dompta le taureau furieux que Neptune,

dans sa colère, avait produit pour la perte entière de la Grèce.

11. Comme aussi lorsqu'il enleva les pommes d'or des Hespérides, et qu'il endormit le dragon toujours éveillé qui les gardait. Ce jardin des Hespérides était, selon Pline, auprès de la ville de Lixus, aujourd'hui Larache, dans le royaume de Fez. *Plin. hist. nat. liv.* 19, *chap.* 4. Atlas partagea avec Hercule la peine et la gloire de ce travail ; il cueillit les pommes d'or, et pendant ce temps-là Hercule soutint le ciel sur ses épaules.

12. Le plus grand danger qu'Hercule ait jamais couru, ce fut lorsqu'il descendit aux enfers pour en tirer Cerbère, avec lequel il amena aussi Thésée, son ami, qui y était retenu.

Voilà l'opinion la plus ordinaire sur les travaux d'Hercule : quelques auteurs les réduisent à un moindre nombre ; d'autres, au contraire, en comptent bien davantage.

Après qu'Hercule fut heureusement sorti de ces travaux, il parcourut le monde pour délivrer les hommes des différentes calamités dont ils étaient accablés. Il délivra l'Italie de Cacus, fils de Vulcain. Il rompit les chaînes qui tenaient Prométhée attaché sur le mont Caucase. Il vainquit dans un combat singulier Antée, fils de la Terre. Il punit d'une juste mort Licus, qui, après s'être emparé de la ville de Thèbes, avait fait mourir le roi Créon, beau-père d'Hercule, dans le temps que ce héros était

descendu dans les enfers. Il fit entrer l'O-
céan dans cette partie de la terre qui sépare
l'Europe de l'Afrique , ayant ouvert le
détroit de Cadix , appelé aujourd'hui le
détroit de Gibraltar , ce qu'il fit en sépa-
rant deux montagnes qui se joignent , l'une
appelée *Calpé* , du côté de l'Espagne , et
l'autre *Abila* , du côté de l'Afrique , sur
lesquelles , comme sur deux colonnes de
triomphe , il mit cette inscription , Non
plus ultra , c'est-à-dire , *rien au-delà*.
Tant de gloire ne servit qu'à redoubler les
emportemens de Junon contre Hercule :
cette déesse , toujours transportée de jalousie , excita dans ce héros un tel excès
de fureur , qu'il tua sa femme Mégare et
ses propres enfans ; et après qu'il fut revenu de cette fureur , il se serait tué lui-
même de désespoir , si ses amis ne l'eussent
retenu.

Cependant l'amour , tout faible qu'il est,
triompha du vainqueur de tant de monstres , en lui fesant changer sa massue en
quenouille , et les dépouilles du lion en habit
de femme : il s'assujettit honteusement à
Omphale , reine de Lydie.

Il fut aussi amoureux de Déjanire , pour
laquelle il combattit contre Archeloüs , fils
de Thétis. Après qu'il l'eut vaincu , dans
le temps qu'il emmenait la princesse , prix
de sa victoire , le centaure Nessus voulut
la lui enlever ; mais Hercule le tua à coups
de flèches. Nessus , avant que d'expirer ,
songeant à se venger , donna à Déjanire

une robe teinte de son sang, qui était un venin fort violent, et lui fit accroire que si Hercule mettait une fois cette robe, il n'aimerait jamais d'autre femme. Déjanire envoya cette robe à Hercule un jour qu'il fesait un sacrifice sur le mont OEta. A peine s'en fut-il revêtu, qu'il se sentit brûler d'un feu intérieur si violent, que, pour s'en délivrer, il se jetta dans le bûcher préparé pour son sacrifice, et y fut consumé. Avant sa mort, il avait donné à Philoctète, fils de Péan, ses flèches teintes du sang de l'hydre de Lerne, sans lesquelles il était déterminé par les destinées, que Troye ne pourrait être prise. Philoctète les apporta au siége de Troye, où il fut conduit par Ulysse.

Les savans sont persuadés que tant de grandes actions qu'on attribue à Hercule, n'ont pas été faites par un seul; ils soutiennent qu'il y a eu plusieurs grands hommes qui ont porté le même nom, et qui ont vécu en divers lieux et en divers temps. Ils en remarquent sur-tout deux principaux, l'un qu'on appelle Hercule de Lybie, auquel on attribue le combat avec Antée, avec Gérion, avec le dragon des Hespérides; comme aussi la séparation de l'Afrique d'avec l'Espagne, par le moyen du détroit dont nous avons parlé, et quelques autres exploits mémorables qui se sont passés en Afrique et en Espagne. L'autre Hercule; c'est celui de Thèbes, à qui l'on attribue les autres belles actions qui se sont faites dans l'Arcadie, dans le Péloponnèse et dans la Phrygie.

IV. Thésée.

Thésée, fils d'Egée, roi des Athéniens, fut contemporain d'Hercule, et même son parent. Il fit éclater son courage à dompter les tyrans et les grands seigneurs, qui ne se croyaient puissans, qu'autant qu'ils fesaient des malheureux : le malheur public était la règle de leur pouvoir. Tel était Sciron, qui jettait les passans dans la mer : Tel était Procuste, qui fesait étendre les étrangers dans son lit, et quand les pieds étaient plus longs que le lit, il leur en fesait couper ce qui passait en dehors, ou bien il les fesait tirer à quatre chevaux. Thésée, après avoir vaincu ces tyrans, et quelques autres du même caractère, tourna sa valeur contre les monstres. Il délivra la terre de trois principaux, dont le premier était un taureau d'une énorme grandeur, qui fesait de grands ravages dans les campagnes de Marathon : le second fut le sanglier de Calidon, que Diane irritée de ce qu'on avait négligé son culte, envoya en Etolie, auprès de la ville de Calidon. Le troisième monstre que Thésée fit périr, fut le Minotaure, monstre moitié homme et moitié taureau. Pasiphaé, fille du soleil, femme de Minos, l'avait mis au monde. Minos le tenait dans le Labyrinthe que Dédale avait construit pour y enfermer ce monstre : il ne vivait que de chair humaine. Les Athéniens étaient obligés d'envoyer tous les ans sept jeunes garçons tirés au sort, pour servir de nourriture au Minotaure. C'était une peine que Minos, roi de Crète, avait imposé aux Athéniens, après les avoir vaincus dans un combat, qu'il leur livra pour venger son fils Androgée, que les Athéniens avaient fait mourir.

Thésée ayant formé le dessein de tuer le Minotaure, alla en Crète, tua le monstre, Ariane. et enleva Ariane, fille de Minos. Cette princesse avait donné à Thésée un peloton de fil, qui aida ce héros à sortir du Labyrinthe où il était entré pour tuer le Minotaure. Cependant oubliant le service qu'elle lui avait rendu, il l'abandonna dans l'île de Bacchus. Naxos, où Bacchus l'épousa.

Thésée avait mis des voiles noires au vaisseau sur lequel il s'était embarqué pour aller en Crète, et il devait changer ces voiles noires en voiles blanches, pour signal du bon succès de son entreprise; mais, charmé de sa victoire, il oublia de faire ce changement, Egée ce qui fut cause qu'Egée, son père, apercevant de loin les voiles noires, crut que son fils était mort, et se précipita dans la mer; c'est de là que cette mer a été appelée mer Egée.

Pirithoüs. Pirithoüs, roi de Thessalie, royaume de Grèce, jaloux des grands succès de Thésée, vint avec une armée ravager le pays de ce prince, afin de l'attirer à un combat singulier. Thésée accepta le défi, mais quand ils furent en présence, Pirithoüs fut si charmé de la bonne mine et de la douceur de Thésée, que l'amitié succéda à la jalousie, et qu'ils

se jurèrent une union et une alliance éternelle. Ils trouvèrent bientôt l'occasion de se
donner des preuves réciproques de cette
amitié. Les Centaures ayant été invités par Centaures
les Lapithes, leurs voisins, aux noces de Lapithes.
Pirithoüs et d'Hippodamie, ces étrangers,
échauffés par le vin, prirent querelle avec
les Lapithes, et en firent un grand carnage.
Les Centaures étaient si bons cavaliers, que
quand ils étaient sur leurs chevaux, ils paraissaient ne faire qu'un seul corps avec le
cheval. Pirithoüs, secondé par Thésée,
punit, comme il convenait, leur insolence
et leur libertinage.

Thésée et Pirithoüs, vingt-quatre ans
avant la ruine de Troye, enlevèrent ensemble Hélène, qui fut reprise quelque temps Hélène.
après par ses frères Castor et Pollux. Dans Castor et
la suite, ces deux princes entreprirent encore Pollux.
d'enlever Proserpine, fille du roi des Molosses. Proserpine
Elle était gardée par un chien très-féroce,
appelé Cerbère, qui mit en pièces Pirithoüs.

Thésée fut d'abord mis en prison; mais
le roi l'en fit sortir quelque temps après,
à la prière d'Hercule. C'est de là qu'est Hercule.
venue la fable de Thésée, qui descendit,
dit-on, aux enfers avec Pirithoüs, pour
enlever Proserpine.

On dit même, et ce bruit est par-tout répandu,
Qu'avec Pirithoüs aux enfers descendu,
Il a vu le Cocyte et ses rivages sombres,
Et s'est montré vivant aux infernales ombres;
Mais qu'il n'a pu sortir de ce triste séjour,
Et repasser les bords qu'on passe sans retour.

RACINE.

Pluton, disent les poëtes, ayant découvert leur dessein, les fit arrêter l'un et l'autre, et les chargea de fers. Pirithoüs n'en fut point délivré, ou, comme d'autres le prétendent, il fut dévoré par le chien Cerbère : mais Thésée fut délivré par Hercule, lorsque ce héros descendit aux enfers. Thésée accompagna Hercule dans la guerre contre les Amazones, dont il épousa la reine, qui s'appelait Hippolyte, ou, selon d'autres, Antiope. Thésée en eut un fils, appelé Hippolyte : Phèdre, fille de Minos, et que Thésée avait épousée en secondes noces, devint éperdument amoureuse d'Hippolyte ; mais Hippolyte ayant refusé de consentir à ses desirs, Phèdre l'accusa injustement d'avoir osé entreprendre de souiller le lit nuptial de son père. Thésée trop crédule, fit des imprécations contre son fils, et implora la vengeance de Neptune. Un jour qu'Hippolyte se promenait sur son char au bord de la mer, Neptune envoya des monstres marins qui renversèrent ce jeune prince, et furent cause de sa perte. Esculape le ressussita : Diane le transporta en Italie, et lui donna le nom de *Virbius*, c'est-à-dire homme pour la deuxième fois. Au reste Phèdre avoua sa calomnie, et se donna la mort.

Description de la mort d'Hippolyte.

Sur le dos de la plaine liquide ,
S'élève à gros bouillons une montagne humide.
L'onde approche, se brise, et vomit à vos yeux,
Parmi des flots d'écume un monstre furieux.

Son front large est armé de cornes menaçantes ;
Tout son corps est couvert d'écailles jaunissantes :
Indomptable taureau, dragon impétueux,
Sa croupe se recourbe en replis tortueux,
Ses longs mugissemens font trembler le rivage.
Le ciel avec horreur voit ce monstre sauvage.
La terre s'en émeut, l'air en est infecté ;
Le flot qui l'apporta recule épouvanté.
Tout fuit ; et sans s'armer d'un courage inutile,
Dans le temple voisin chacun cherche un asile.
Hippolyte lui seul, digne fils d'un héros,
Arrête ses coursiers, saisit ses javelots,
Pousse au monstre, et d'un dard lancé d'une main sûre,
Il lui fait dans le flanc une large blessure.
De rage et de douleur le monstre bondissant
Vient aux pieds des chevaux tomber en mugissant,
Se roule, et leur présente une gueule enflammée,
Qui les couvre de feu, de sang et de fumée.
La frayeur les emporte, et sourds à cette fois,
Ils ne connaissent plus ni le frein ni la voix.
En efforts impuissans leur maître se consume.
Ils rougissent le mors d'une sanglante écume.
On dit qu'on a vu même en ce désordre affreux,
Un dieu, qui d'aiguillons pressait leur flanc poudreux.
A travers les rochers la peur les précipite.
L'essieu crie et se rompt. L'intrépide Hippolyte
Voit voler en éclats tout son char fracassé ;
Dans les rênes lui-même il tombe embarrassé.

. . . .

. . . .

J'ai vu, Seigneur, j'ai vu votre malheureux fils
Traîné par les chevaux que sa main a nourris.
Il veut les rappeler, et sa voix les effraie.
Ils courent. Tout son corps n'est bientôt qu'une plaie.
De nos cris douloureux la plaine retentit.
Leur fougue impétueuse enfin se ralentit.
Ils s'arrêtent, non loin de ces tombeaux antiques,
Où des rois ses aïeux sont les froides reliques.
Je cours en soupirant, et sa garde me suit.
De son généreux sang la trace nous conduit :
Les rochers en sont teints : les ronces dégouttantes
Portent de ces cheveux les dépouilles sanglantes.
J'arrive, je l'appelle, et me tendant la main,
Il ouvre un œil mourant qu'il referme soudain.

RACINE.

V. Castor et Pollux.

Léda. Castor, Pollux, Hélène et Clytemnestre, eurent pour mère Léda, femme de Tyndare, roi d'Œbalie en Grèce, avec cette différence pourtant, que, quoiqu'ils fussent tous enfans de la même mère, cependant **Hélène.** Pollux et Hélène eurent pour père Jupiter; **Clytem-** au lieu que Castor et Clytemnestre eurent **nestre.** pour père Tyndare. Cependant Castor et **Tynda-** Pollux sont appelés communément *les Tyn-* **rides.** *darides* par les poètes qui ont extrêmement **Amitié** vanté leur amitié. Elle fut en effet portée **de Castor** jusqu'au point que Pollux, qui était immor- **et Pollux.** tel, parce qu'il était fils de Jupiter, voulut partager son immortalité avec son frère. Jupiter y consentit, et ordonna que tour à tour l'un vivrait et l'autre mourrait : il adopta même Castor pour l'amour de Pollux ; de sorte qu'ils étaient appelés indifféremment l'un et l'autre *Dioscores* ; c'est-à-dire, fils de Jupiter : ce mot vient du génitif grec Διος, *Jovis*, et de κουρος ou κόρος, *puer juvenculus*.

Mis au Castor et Pollux furent mis au nombre **nombre** des signes célestes parmi lesquels ils tien- **des signes** nent le troisième lieu dans le Zodiaque, et **célestes.** sont appelés *les Gémeaux*. Ils n'ont pour- tant obtenu cet honneur, qu'à cause des grands services qu'ils ont rendus aux hom- mes, et sur-tout en chassant les pirates de la mer : c'est pour cela que les matelots étaient dans l'usage de leur faire des vœux

et

et de leur immoler des agneaux blancs , au lieu qu'ils sacrifiaient des brebis noires aux tempêtes.

Castor et Pollux ont été honorés d'une manière plus particulière chez les Romains, parmi lesquels, communément, les hommes juraient par le temple de Pollux, et les femmes par celui de Castor. Cependant Térence met souvent *Ædepol* dans la bouche des femmes. *Terent. Andr. Act.* IV. 2, *v.* 9. *Leur culte*

VI. Jason et les Argonautes.

ATHAMAS, roi de Thèbes, gardait dans son palais un bélier célèbre par sa toison d'or ; les dieux lui en avaient fait présent, et ce roi le conservait comme le palladium de sa famille. *Athamas.*

Phrixus, fils d'Athamas , s'enfuyant de la maison paternelle pour se dérober aux mauvais traitemens de Néphèle, sa belle-mère , emporta avec lui ce bélier en Colchide , où il l'immola à Jupiter , et en donna la toison à OEta , roi de ce pays-là , qui la plaça dans un bois consacré au dieu Mars , et la fit garder par un dragon qui ne dormait jamais , et par des taureaux qui jetaient des flammes par les narines. Jason, fils d'Eson, roi de Thessalie , entreprit d'enlever ce trésor à la Colchide : ce fut son oncle Pélias , qui lui en inspira le dessein. Pélias était frère d'Eson ; et à cause de l'extrême vieillesse de celui-ci , *Phrixus.* *Toison d'or.* *Pélias.*

il gouverna le royaume de Thessalie, en attendant que Jason fût en âge de prendre lui-même les rênes du gouvernement. Pélias ne douta point que Jason ne pérît dans cette entreprise.

Deux taureaux indomptés sont les premiers remparts
  Qui défendent le champ de Mars ;
La flamme qui se mêle à leur brûlante haleine,
 Forme autour d'eux un affreux tourbillon :
 Il faut forcer leur fureur inhumaine
A tracer sur la plaine un pénible sillon.
  Aussitôt du sein de la terre
  Tes yeux verront de toutes parts
  Sortir des escadrons éparts,
Qui se rassembleront pour te livrer la guerre.
Ce n'est pas tout encor, un dragon furieux
Fait dans ce lieu terrible une garde constante ;
Jamais le doux sommeil n'approcha de ses yeux ;
Rien ne saurait tromper sa fureur vigilante.

Rousseau.

Jason invita Hercule, Thésée, Castor, Pollux, Orphée, Lyncée, Typhis, et plusieurs autres fameux capitaines de la Grèce, à venir partager avec lui le péril et la gloire de cette expédition. Il fit faire un vaisseau, *Vaisseau de Jason.* dont le bois fut tiré du mont Pélion, ou, comme d'autres le disent, de la forêt de Dodone, dont les arbres rendaient des oracles. Le vaisseau s'appelait *Argo*, soit du nom de la ville d'Argos où il avait été fait, soit du nom d'Argus qui l'avait construit, soit enfin, selon Bochard, d'un mot phénicien qui veut dire *long* ; parce qu'on prétend que ce vaisseau fut le premier vaisseau long qui fut construit. Quoi qu'il en soit, *Typhis* Typhis en était le pilote, il tenait le gouvernail ; *Lyncée.* Lyncée, qui avait les yeux très-perçans, découvrait de loin les bancs de sable et les écueils cachés sous les eaux. Orphée adoucissait par ses chants l'ennui d'une longue navigation : les autres héros, qu'on appelait communément les *Argonautes*, ne dédaignaient pas de ramer. Le seul Hercule retardait un peu le voyage, tant par la pesanteur de son corps qui surchargeait le vaisseau, que parce que, mangeant beaucoup plus que tous les autres, il fallait souvent se détourner pour se ravitailler. Hercule ayant épuisé toute l'eau dont on avait fait provision, il en envoya chercher par Hylas à une fontaine voisine. Hylas était aimé d'Hercule. Il eut le malheur de se laisser tomber dans la fontaine, ou, ce qui plaît davantage aux poètes, il fut enlevé par les nymphes, divinités des fontaines. Comme Hylas ne revenait point, Hercule débarqua pour aller le chercher, et délivra ainsi les Argonautes d'un compagnon fort incommode. Le navire déchargé d'un si pesant fardeau, passa les Simplégades, traversa heureusement le Pont-Euxin, et vint aborder dans la Colchide. Jason enleva la toison d'or par le secours de Médée, fille d'OEta, et elle se sauva avec Jason ; et pour arrêter son père OEta qui la poursuivait, elle tua son propre frère, Absyrte, qu'elle avait emmené avec elle dans cet horrible dessein, et en dispersa les membres dans le chemin par où son père devait passer : ce père infortuné perdant le temps à ramasser les membres de son fils, donna à sa fille le loisir de se mettre hors de portée de ses

T 2

Orphée.

Argonautes.

Hercule.

Hylas.

Médée.

OEta.
Absyrte.

poursuites. Médée arrivée dans le palais de

Eson. Jason, voyant Eson, père de ce prince, accablé d'années et d'infirmités, elle le rétablit, par son art magique, dans la première fleur de sa jeunesse; mais elle fit égorger Pé-

Pélias lias par ses propres filles, leur ayant persuadé qu'elles lui rendraient sa première jeunesse, mais qu'il fallait auparavant couper son corps par morceaux, et en faire bouillir les membres avec certaines herbes.

Elle fait amitié, leur promet des merveilles,
Du pouvoir de son art leur remplit les oreilles;
Et pour mieux leur montrer comme il est infini,
Leur étale sur-tout mon père rajeuni.
Pour épreuve, elle égorge un bélier à leurs vues,
Le plonge en un bain d'eaux et d'herbes inconnues,
Lui forme un nouveau sang avec cette liqueur,
Et lui rend d'un agneau la taille et la vigueur.
Les sœurs crient miracle, et chacune ravie
Conçoit pour son vieux père une pareille envie,
Veut un effet pareil, le demande, et l'obtient;
Mais chacune a son but. Cependant la nuit vient.
Médée, après le coup d'une si belle amorce,
Prépare de l'eau pure et des herbes sans force,
Redouble le sommeil des gardes et du roi :
La suite, au seul récit, me fait trembler d'effroi.
P CORNEILLE.

Cependant Jason étant allé à Corinthe pour voir le roi Créon, il devint amoureux de sa

Créüse. fille Créüse. Médée fut outrée de ce mépris.

Quoi! mon père trahi, les élémens forcés,
D'un frère dans la mer les membres dispersés,
Lui font-ils présumer mon audace épuisée?
Lui font-ils présumer qu'à mon tour méprisée,
Ma rage contre lui n'ait par où s'assouvir,
Et que tout mon pouvoir se borne à le servir.
Tu t'abuses, Jason, je suis encor la même.
Tout ce qu'en ta faveur fit mon amour extrême,
Je le ferai par haine, et je veux, pour le moins,
Qu'un forfait nous sépare, ainsi qu'il nous a joints.
P. CORNEILLE.

Elle envoya à Créüse une cassette pleine de pierres précieuses ensorcelées : le feu prit à la cassette, et consuma la princesse et le roi son père avec elle. Médée, après avoir reproché à Jason sa perfidie, égorgea en sa présence les deux fils qu'elle avait eus de lui, et se fit emporter à Athènes par des dragons aîlés.

Fureur de Médée.

> Livrée à tes fureurs, impitoyable Amour,
> Une mère à ses fils a pu ravir le jour !
> Méconnais-tu ton sang dans ses chères victimes,
> Implacable Médée ? Amour, voilà tes crimes.
> Si ses fils ont péri par un coup inhumain,
> Dans leur flanc innocent tu conduisais sa main.
>
> G RESSET.

Elle se réfugia en cette ville auprès du roi Egée, qui l'épousa.

> C'est peu que dans Corinthe, on ait vu mon courage
> Des mépris d'un époux venger l'indigne outrage ;
> C'est peu que d'une cour que je remplis d'horreur,
> Ma fuite triomphante ait bravé la fureur ;
> Pour mieux jouir encor d'une entière vengeance,
> Je trouve une autre cour, un roi dont la puissance,
> Pour m'attacher à lui, me rend avec éclat
> Tout ce que je perdis en suivant un ingrat.
>
> DE LA FOSSE.

Elle en eut un fils appelé *Médus*. Elle voulut emprisonner Thésée, fils d'Egée ; mais ce projet criminel ayant été découvert, elle se sauva dans une contrée de l'Asie, qui, du nom de son fils Méduse, a été appelée *Médie*.

Les chronologistes fixent l'expédition des Argonautes en l'année soixante et quatrième après la fondation de Troye, et en l'année

Époque de l'expédition des Argonautes.

T 3

soixante et dix-neuvième avant la prise de cette fameuse ville.

> Des grecs une troupe vaillante
> Enleva la toison brillante
> Que gardait le dragon de Mars ;
> En vain son haleine enflammée,
> Et ses dents, mères d'une armée,
> En étaient les affreux remparts.
>
> LAMOTTE.

VII. CADMUS.

Europe. Agénor. JUPITER, transformé en taureau, avait enlevé Europe, fille d'Agénor, roi des Phéniciens, et l'avait emmenée en Crète. Ce père malheureux donna ordre à son fils Cadmus d'aller chercher sa fille, et lui défendit de revenir dans son palais qu'il ne l'eût trouvée. Cadmus, après avoir parcouru inutilement diverses contrées, vint consulter l'oracle de Delphes, qui lui ordonna de s'arrêter dans un lieu de la Grèce où il rencontrerait un bœuf, et d'y bâtir une ville. Il appela cette contrée *Béotie*, et la ville, *Thèbes*.

Thèbes. Il y régna pendant plusieurs années ; mais il fut affligé de plusieurs malheurs domesti- *Sémélé.* ques : car parmi ses enfans, sa fille Sémélé, mère de Bacchus, ayant voulu voir Jupiter la foudre à la main, elle fut consumée par *Ino.* cette même foudre. Ino, aussi sa fille, fuyant son mari Athamas, devenu furieux, se pré- *Agavé.* cipita dans la mer. Agavé, autre fille de Cadmus, célébrant les orgies avec les Ména- *Penthée.* des, mit en pièces Penthée, son propre fils,

qui se moquait de ces fêtes. Cadmus lui-
même, chassé de Thèbes par Amphion, se
retira en Illyrie avec sa femme Hermione. Hermione
Ils y vécurent quelque temps accablés d'en-
nuis ; mais les dieux, touchés de leurs malheurs, les changèrent en serpens.

Amphion bâtit les murailles de Thèbes Amphion.
d'une manière particulière ; les pierres venaient se placer d'elles-mêmes au son de sa
lyre. Il y fit sept portes.

Les poètes ne parlent guère que de ce
prodige, sans parler de celui qu'opéra aussi
la lyre d'Arion.

Songez par quel prodige on connaît Amphion,
Quel miracle la Grèce a chanté d'Arion :
Le premier, sans autre art, voit au son de sa lyre
Les pierres se mouvoir et Thèbes se construire ;
L'autre, près de périr par la fureur des flots,
Sait trouver dans leur sein la vie et le repos :
Un dauphin, traversant les plaines de Neptune
Attiré par ses chants, prend soin de sa fortune :
Il l'aborde ; il l'emporte ; il lui sert de vaisseau :
Et donnant aux mortels un spectacle nouveau,
Il le fait à leurs yeux, sans péril et sans crainte,
Naviguer sur les mers de Crète et de Corinthe.

C A M P I S T R O N.

Dans la suite Thèbes fut ruinée par Thèbes.
Alexandre le grand, qui n'en épargna que
la maison et la famille de Pindare.

Viens servir l'ardeur qui m'inspire,
Déesse, prête-moi ta lyre,
Ou celle de ce Grec vanté,
Dont l'impitoyable Alexandre,
Au milieu de Thèbes en cendre,
Respecta la postérité.

R O U S S E A U.

Il y a eu en Egypte une autre ville du même nom qui avait cent portes : le pays d'alentour s'appelait Thébaïde. Il y a aussi dans la Cilicie une autre Thèbes, patrie d'Andromaque : les Grecs passant dans cette ville pour aller faire le siége de Troye, la saccagèrent.

VIII.   OEdipe.

Laïus. Laïus, roi de Thèbes, ayant appris de l'oracle qu'il mourrait de la main de son *Jocaste.* propre fils, ordonna à sa femme Jocaste d'ôter la vie à l'enfant qu'elle mettrait au monde. Cette mère ayant horreur d'un tel parricide, chargea un berger de tuer cet enfant : le berger à son tour touché des larmes de ce jeune prince et de la noblesse qui paraissait sur son visage, lui perça les talons, et y ayant passé une corde ou de l'osier, il le suspendit par les pieds à un arbre. Le pasteur des troupeaux de Polybe, roi de Corinthe, aperçut cet enfant dans cette situation ; il le prit, et le présenta secrétèment à la reine, qui n'avait point d'enfans. Cette princesse le fit passer pour *Nom* son propre fils, et l'appela *OEdipe*, à *d'OEdipe.* cause de la tumeur de ses pieds, qui lui demeurèrent toujours enflés.

> Un Thébain qui se dit votre père,
> Exposa votre enfance en ce lieu solitaire.
> Quelque dieu bienfaisant guida vers vous mes pas,
> La pitié me saisit, je vous prends dans mes bras ;

Je ranime dans vous la chaleur presque éteinte ;
Vous vivez, et bientôt je vous porte à Corinthe.
Je vous présente au prince : admirez votre sort !
Le prince vous adopte au lieu de son fils mort :
Et par ce coup adroit, sa politique heureuse
Affermit pour jamais sa puissance douteuse.
Sous le nom de son fils vous fûtes élevé
Par cette même main qui vous avait sauvé.

VOLTAIRE.

Ce mot d'OEdipe est formé de οιδεω, *tumeo*, *je suis enflé*, et de πss, qui veut dire *pied*.

OEdipe, dans un âge plus avancé, ayant découvert qu'il n'était point fils de Polybe, alla consulter l'oracle pour apprendre qui était son père, et l'oracle lui répondit qu'il trouverait son père dans la Phocide. OEdipe étant venu dans cette province, y tua Laïus sans savoir qu'il tuait son père. Ce fut dans le tumulte d'une sédition populaire que Laïus voulait appaiser : ensuite OEdipe s'en retourna à Thèbes.

Non loin de cette ville était le Sphynx, monstre ingénieux, qui avait la tête d'une fille, le corps d'un chien, les aîles et la queue d'un dragon, les pieds et les griffes d'un lion. Il proposait une énigme aux passans, et les dévorait s'ils ne pouvaient point la deviner, ce qui rendait toute cette contrée déserte : la ville était abandonnée, personne n'osait plus y venir.

Né parmi les rochers, au pied de Cithéron,
Ce monstre à voix humaine, aigle, femme et lion,
De la nature entière exécrable assemblage,
Unissait contre nous l'artifice à la rage.

Il n'était qu'un moyen d'en préserver ces lieux.
D'un sens embarrassé par des mots captieux,
Le monstre, chaque jour, dans Thèbe épouvantée,
Proposait une énigme avec art concertée.

VOLTAIRE.

Créon.   Créon, frère de Jocaste, qui après la mort de Laïus s'était emparé du royaume de Thèbes, fit publier par des hérauts dans toute la Grèce, qu'il donnerait le royaume de Thèbes, et Jocaste, veuve de Laïus, en mariage à celui qui pourrait lui expliquer

Enigme. une énigme que le Sphynx avait proposée : *Quel est l'animal*, disait le Sphynx, *qui le matin marche à quatre pieds, à midi à deux, et le soir à trois ?*

Ne porter qu'un faux jour dans son obscurité,
C'était de ce prodige enfler la cruauté,
Et les membres épars des mauvais interprètes,
Ne laissaient dans ces murs que des bouches muettes.
Mais, comme aux grands périls le salaire enhardit,
Le peuple offre le sceptre et la reine son lit.
De cent cruelles morts cette offre est tôt suivie.
J'arrive ; je l'apprends, j'y hasarde ma vie.
Au pied du roc affreux, semé d'os blanchissans,
Je demande l'énigme et j'en cherche le sens,
Et, ce qu'aucun mortel n'avait encor pu faire,
J'en dévoile l'image, et perce le mystère.

P. CORNEILLE.

OEdipe, animé par une si grande récompense, dit que cet animal était l'homme lui-même, qui dans son enfance se traîne sur les pieds et sur les mains ; ensuite, parvenu à un âge plus avancé, marche debout sur les deux pieds seulement ; et enfin devenu vieux, s'appuie sur un bâton comme sur un troisième pied. Le Sphynx, vaincu par cette explication, se précipita dans la mer : ainsi OEdipe devint paisible possesseur du royaume de Thèbes, et épousa Jocaste.

Le monstre furieux de se voir entendu,
Venge aussitôt sur lui tant de sang répandu ;
Du roc se lance en bas, et s'écrase lui-même.
La reine tint parole, et j'eus le diadème.

P. CORNEILLE.

De ce mariage naquirent deux princes, Etéocle et Polynice, et deux princesses, Antigone et Ismène.

OEdipe ne reconnut que Jocaste était sa mère, qu'après que la peste étant survenue, les devins eurent déclaré que les dieux avaient envoyé ce fléau pour venger la mort de Laïus, et que ce mal ne cesserait qu'après que le meurtrier de Laïus serait exilé. Enfin on reconnut qu'OEdipe était l'auteur de la mort de Laïus, et que Jocaste, qu'il avait en mariage, était sa propre mère. Ce malheureux prince, étonné d'une aventure si extraordinaire, s'arracha les yeux, et s'exilant lui-même, il laissa son royaume à ses deux fils Etéocle et Polynice.

Voilà donc les horreurs où j'étais entraîné !
Je suis, oui, je le suis, ce fils abandonné,
Je suis fils de Jocaste, et je connais mon crime.
Grands Dieux ! ne tonnez plus, prenez votre victime.
Mon sang vous a fléchis ; Thèbes ne souffre plus ;
Vous payez à la fois mon crime et mes vertus.

LAMOTTE.

IX. Etéocle et Polynice.

Etéocle et Polynice, fils d'OEdipe, pour ne point affaiblir le royaume que leur père leur avait laissé, trouvèrent à propos de le posséder tout entier ; plûtot que de le diviser entr'eux, et ils convinrent de régner alternativement. Comme Etéocle était l'aîné, il régna le premier ; mais après que son année fut finie, il ne voulut point céder le royaume à son frère, ainsi qu'ils en étaient convenus : ce qui fut la cause de cette fameuse guerre de Thèbes, tant célébrée par les poètes, et sur-tout par Stace, qui en a fait le sujet d'un poëme appelé la *Thébaïde*.

Œdipe, en achevant sa triste destinée,
Ordonna que chacun régnerait son année,
Et, n'ayant qu'un état à mettre sous vos lois,
Voulut que tour-à-tour vous fussiez tous deux rois.
A ces conditions vous daignâtes souscrire,
Le sort vous appela le premier à l'empire :
Vous montâtes au trône, il n'en fut pas jaloux :
Et vous ne voulez pas qu'il y monte après vous !

Racine.

Polynice invita toute la Grèce à prendre les armes en sa faveur. Il fit alliance avec Adraste, roi des Argiens, dont il épousa la fille Argia. Le devin Tirésias assura que tout serait favorable aux Thébains, si Ménécée, fils de Créon, et le dernier de la potsérité de Cadmus, se dévouait pour la patrie. Ce jeune héros, malgré les oppositions de son père, ne balança point à se jeter au milieu

milieu de l'armée ennemie : ainsi , victime volontaire, il rendit les dieux favorables à son parti , par le sacrifice de sa personne. Depuis ce temps-là, tout fut favorable aux Thébains. Plusieurs chefs des ennemis , et sur-tout Tydée , Parthénopée , Canapée , Amphiaraüs, après bien des fatigues et bien des dangers, périrent dans cette guerre.

Enfin les deux frères ayant voulu terminer par un combat singulier une guerre si cruelle , s'entre-tuèrent l'un l'autre , et la mort ne put éteindre leur haine implacable ; car leurs corps ayant été jetés dans le même bûcher, la flamme qui brûlait le corps de l'un se divisant de la flamme qui brûlait le corps de l'autre , fit voir que l'aversion qu'ils avaient l'un pour l'autre , subsistait encore dans leurs cendres après leur mort.

Description de ce combat.

Vous avez vu , Madame, avec quelle furie
Les deux Princes sortaient pour s'arracher la vie;
Que d'une ardeur égale ils fuyaient de ces lieux ,
Et que jamais leurs cœurs ne s'accordèrent mieux.
La soif de se baigner dans le sang de leur frère ,
Fesait ce que jamais le sang n'avait su faire.
Par l'excès de leur haine ils semblaient réunis ;
Et, prêts à s'égorger, ils paraissaient amis.
Ils ont choisi d'abord, pour leur champ de bataille,
Un lieu près des deux camps, au pied de la muraille.
C'est là que reprenant leur première fureur ,
Ils commencent enfin ce combat plein d'horreur.
D'un geste menaçant, d'un œil brûlant de rage ,
Dans le sein l'un de l'autre ils cherchent un passage ;
Et la seule fureur précipitant leurs bras,
Tous deux semblent courir au-devant du trépas.
. . . .
. . . .
. . . .

V

. . . . Sa douleur renouvelle sa rage, (*de Polynice.*)
Et bientôt le combat tourne à son avantage.
Le roi frappé d'un coup qui lui perce le flanc,
Lui cède la victoire et tombe dans son sang ;
Les deux camps aussitôt s'abandonnent en proie,
Le nôtre à la douleur, et les grecs à la joie ;
Et le peuple alarmé du trépas de son roi
Sur le haut de ses tours témoigne son effroi.
Polynice, tout fier du succès de son crime,
Regarde avec plaisir expirer sa victime:
Dans le sang de son frère il semble se baigner:
Et tu meurs, lui dit-il, et moi je vais régner ;
Regarde dans mes mains l'empire et la victoire ;
Va rougir aux enfers de l'excès de ma gloire ;
Et pour mourir encore avec plus de regret,
Traître, songe en mourant que tu meurs mon sujet.
En achevant ces mots, d'une démarche fière,
Il s'approche du roi couché sur la poussière,
Et pour le désarmer il avance le bras.
Le roi, qui semble mort observe tous ses pas;
Il le voit, il l'attend, et son ame irritée,
Pour quelque grand dessein semble s'être arrêtée.
L'ardeur de se venger flatte encor ses désirs,
Et retarde le cours de ses derniers soupirs.
Prêt à rendre la vie, il en cache le reste,
Et sa mort au vainqueur est un piège funeste ;
Et dans l'instant fatal que ce frère inhumain
Veut enlever le fer qu'il tenait à la main,
Il lui perce le cœur, et son ame ravie,
En achevant ce coup, abandonne la vie.
Polynice frappé pousse un cri dans les airs,
Et son ame en courroux s'enfuit dans les enfers.
Tout mort qu'il est, Madame, il garde sa colère,
Et l'on dirait qu'encore il menace son frère.

RACINE.

Créon, après la mort d'OEdipe et de ses fils, remonta sur le trône qu'il avait cédé volontairement à ce prince malheureux. Il fit retirer du bûcher le corps de Polynice, sans lui accorder l'honneur de la sépulture. Antigone ayant voulu rassembler les os de son frère pour les ensevelir, Créon ordonna qu'on l'enterrât elle-même toute vive; mais elle prévint ce supplice en s'étranglant.

Hémon, fils de Créon et amant d'An- Hémon.
tigone, au désespoir de l'avoir perdue,
s'enfonça un poignard dans le sein. Euri- Euridice.
dice, femme de Créon, fut si fort affligée
de la perte de son fils, qu'elle se donna
la mort.

Sophocle ayant mis sur la scène les
aventures tragiques de toute cette famille
royale excita dans le cœur des spectateurs
une pitié si tendre, qu'on lui donna en
récompense le gouvernement de l'isle de
Samos.

X. Tantale.

LA famille de Tantale, roi de Phrygie,
ne fut pas moins malheureuse que celle
d'OEdipe. La première source de ses malheurs fut l'impiété de Tantale. Jupiter,
dont il descendait, étant venu un jour
dans le palais de ce roi avec les autres
dieux, Tantale, pour éprouver leur divinité, fit couper son propre fils Pélops par Pélops.
morceaux, ensuite il en fit apprêter la
chair, et la fit servir aux dieux. Cérès,
plus avide que les autres, mangea l'épaule
de Pélops. Les autres dieux ayant en horreur ce repas funeste, précipitèrent Tantale dans les enfers : là, il a soif au milieu
des eaux, et il est tourmenté d'une faim
continuelle, pendant que les fruits viennent se jouer éternellement autour de ses

lèvres. Ensuite les dieux rendirent la vie à Pélops : ils firent revenir son ame des enfers par le ministère de Mercure ; ils rajustèrent les membres de son corps ; substituèrent une épaule d'ivoire à celle que Cérès avait mangée.

Niobé. Niobé, fille de Tantale et femme d'Amphion, ayant imité l'impiété de son père, par le mépris qu'elle eut pour Latone, fut la cause de la perte de ses propres enfans, qui étaient en grand nombre. Apollon et Diane les percèrent de leurs traits. Niobé ayant perdu l'esprit par la violence de sa douleur, fut changée en rocher.

Pélops abandonna la Phrygie, souillée de tant de meurtres des siens : il vint en Elide, *Enomaüs.* et demanda au roi Enomaüs, sa fille Hippo-*Hippo-damie.* damie en mariage. Enomaüs, averti par un oracle, que son gendre devait lui causer la mort, ne promettait sa fille à ceux qui venaient la lui demander, qu'à condition qu'ils auraient l'avantage sur lui à la course dans un char, et qu'au-contraire ils perdraient la vie s'ils étaient vaincus.

Ruse de Pélops. Pélops accepta cette condition, et voyant bien qu'il ne pouvait l'emporter sur le roi que par la ruse, il gagna Myrtile qui menait le char du roi, et l'engagea à ôter les esses du char : ce sont les petites chevilles de fer que l'on met au bout de l'essieu devant le moyeu des roues, pour le retenir. Ainsi les roues s'étant échappées, Enomaüs fut renversé de son char, et perdit la victoire, le royaume et la vie.

Pélops, devenu le maître d'un royaume dont les droits de sa femme le mettaient en possession , donna son nom au Péloponnèse ; heureux, si Atrée et Thyeste, ses deux fils, eussent pu vivre en bonne intelligence ! Mais la haine est d'autant plus forte entre des frères , que leur union devrait être plus inviolable. Thyeste déshonora le lit de son frère, ce qui fut cause qu'Atrée renvoya sa femme Erope. Thyeste en eut deux fils. Atrée, pour se venger , tua secrètement ces fils de Thyeste , et les lui fit servir à table dans un festin. Il restait à Thyeste un fils naturel, qui fut destiné à la mort dès sa naissance : cependant des pasteurs le sauvèrent et le nourrirent du lait de chèvre, ce qui le fit appeler *Egiste*, du grec αἴξ, αιγος, qui veut dire *chèvre*. Il tua Atrée ; et dans la suite il fit mourir aussi Agamemnon qui revenait de la guerre de Troye, et qui était fils d'Atrée. Clytemnestre, femme d'Agamemnon, qu'Egiste avait séduite, fut sa complice dans ce dernier meurtre , et l'aida même à le commettre.

(marginalia : Atrée et Thyeste. Egiste. Agamemnon. Clytemnestre.)

Ces aventures funestes ont fourni une ample matière à la tragédie.

XI. LES ROIS TROYENS.

DARDANUS, fils de Jupiter et d'Electre, régna avec son frère, en Toscane, contrée de l'Italie. Il tua son frère, quitta son pays, et passa dans cette partie de la Phrygie, qui

(marginalia : Dardanus.)

est vis-à-vis le Bosphore de Thrace , et y bâtit la ville de Troye.

Quand Dardanus arriva dans la Troade , *Teucer.* Teucer en était roi. Celui-ci donna sa fille en mariage à Dardanus , et ils jetèrent ensemble les fondemens de la ville de Troye , environ sept cens ans avant la fondation de Rome.

Erichtho- Dardanus eut pour fils Erichthonius, qui *nius.* lui succéda. Erichthonius fut père de Tros , qui donna le nom de *Troye* à cette ville.

Tros. Tros eut trois fils ; premièrement , Gany- *Ganymè-* mède , qui fut enlevé par Jupiter ; le second *de.* *Assaracus* fut Assaracus, père de Capis : Capis eut pour *Capis.* fils Anchise : le troisième fils de Tros fut *Anchise.* Ilus , qui ayant succédé à son père , voulut *Ilus.* que Troye fût appelée *Ilium.* A Ilùs , suc- *Laomé-* céda Laomédon , son fils. Hercule ôta la *don.* vie et le royaume à Laomédon , et emmena son fils prisonnier : ce fils ayant été ensuite racheté par les Troyens , fut appelé *Priam.* *Priam* , mot qui en langue phrygienne , signifie *racheté* : il s'appelait auparavant *Podarcès.* Quand Priam eut pris la place de son père , il fortifia la ville de tours et de citadelles.

Tous les lieux élevés s'appelaient alors *Pergames* ; c'est pour cela que la ville de *Pergame.* Troye a été appelée aussi *Pergame.*

Hécube. La femme de Priam s'appelait *Hécube* : *Ses enfans* Ses principaux fils ont été Déiphobe , *Pâris.* Hélénus, Hector et Pâris , qui s'appelait aussi Alexandre, funeste flambeau de sa patrie. Il avait paru tel en songe à sa mère : elle rêva qu'elle accouchait d'un flambeau qui mettait le feu à la ville de Troye.

La plupart de ces songes ont été inventés après coup ; mais quand ils ne seraient pas supposés, il n'y a aucune liaison entre ce qui doit arriver et ce qui se passe dans notre imagination pendant la nuit : les événemens à venir dépendent d'une infinité de circonstances , qui n'ont aucun rapport avec les mouvemens mécaniques qui causent les songes ; ainsi les songes ne sauraient avoir de liaison avec ce qui n'est pas encore, ni par conséquent en être des prédictions. L'histoire fabuleuse est remplie de ces sortes de prédictions.

On dit donc que Priam ayant appris ce songe d'Hécube , avait ordonné que l'on fît mourir cet enfant ; mais Hécube, sans en rien dire , le fit élever par des pasteurs. Ce jeune prince, dans la bassesse de son éducation , laissait entrevoir des qualités royales, qui étaient autant de preuves de la noblesse de sa naissance ; et il parut aux dieux mêmes assez éclairé , pour décider la dispute qui s'éleva entre Junon , Minerve et Vénus. Pendant que ces déesses étaient au festin qui se fesait à l'occasion des noces de Thétis et de Pélée , la Discorde , offensée de ne point avoir été invitée à ces noces, jeta au milieu de l'assemblée une pomme fatale , sur laquelle était écrit : Qu'on la donne a la plus belle.

Pomme de discorde.

Au superbe festin tous les dieux invités,
Partageaient le bonheur des époux enchantés.
La main de la discorde, entr'ouvrant un nuage,
Du désordre prochain fait briller le présage;
Elle tient un fruit d'or, où ces mots sont écrits:
Le sort à la plus belle a réservé ce prix.

On sait quel fut le trouble entre les immortelles,
Qui toutes prétendaient à l'empire des belles;
Et qu'enfin Jupiter qui n'osa les juger,
Fit dépendre ce droit de l'arrêt d'un berger.

LAMOTTE.

Jugement de Pâris. — Pâris ayant été pris pour juge d'une affaire si délicate, adjugea la pomme à Vénus, et par-là s'attira à lui et aux siens la haine de Junon et de Minerve.

Cependant, Priam ayant proposé à la noblesse troyenne un tournois, s'il est permis de se servir ici de ce mot, Pâris, encore inconnu, s'y rendit; et après avoir eu l'avantage sur tous ceux qui entrèrent en lice avec lui, il eut encore le bonheur de l'emporter sur *Hector.* Hector même. Hector indigné, poursuivit l'épée à la main, ce champion inconnu pour laver dans son sang l'affront qu'il venait d'en recevoir; mais à certaines marques, et sur-tout à quelques pierres précieuses qu'Hécube avait données au pasteur qui avait pris soin d'élever Pâris, Hector reconnut son frère. Alors Priam oublia les fatales prédictions, il embrassa son fils avec joie, et lui donna un appartement dans son palais.

XII. Sujet de la guerre de Troye.

Dans le temps qu'Hercule ravageait le pays de Troye, il enleva Hésione, fille de Laomédon, et la donna à Télamon, capitaine grec. Hésione.

Pâris, pour se faire rendre sa tante, équipa une flotte avec l'agrément de Priam. Ce roi, qui était puissant et renommé, était attentif à saisir les occasions de se venger des mauvais procédés que les Grecs avaient eus à son égard.

Pâris vint droit à Sparte, chez Ménélas qui en était roi, et qui était fils d'Atrée et frère d'Agamemnon. Ce roi le reçut avec beaucoup d'humanité, et le laissa même dans son palais en son absence ; car Ménélas eut alors un voyage à faire en Crète. Vénus excita dans Hélène, femme de Ménélas, des sentimens si favorables à Pâris, qu'elle s'enfuit avec lui à Troye. Ménélas. Hélène.

Priam approuva la conduite de Pâris et se flatta que par ce moyen il serait facile de faire un échange d'Hésione avec Hélène.

L'événement ne répondit point à son attente : les Grecs refusèrent de rendre Hésione ; et ayant fait entr'eux une ligue puissante, ils vinrent, les armes à la main, redemander Hélène devant Troye, qu'ils tinrent assiégée pendant dix ans, et qu'ils détruisirent enfin entièrement. Guerre de Troye.

Ovide, au troisième livre des Métamorphoses , raconte comment on engagea Ulysse et Achille à venir à cette guerre. Le même poète nous apprend aussi que l'armée des Grecs s'assembla en Aulide , et qu'elle y fut retenue par les vents contraires , jusqu'à ce qu'enfin Agamemnon se détermina à immoler sa fille Iphigénie à Diane ; mais cette déesse substitua une biche à la place d'Iphigénie , et transporta cette princesse dans la Chersonèse Taurique.

Diane étant appaisée, la flotte des Grecs mit à la voile : elle était composée de mille deux cent quatre-vingt-dix navires , sous la conduite de quatre-vingt-quinze capitaines. Ils arrivèrent heureusement devant Troye , et vinrent former un camp devant cette ville.

Trois raisons firent durer cette guerre long-temps : la première, c'est que presque toute l'Asie vint au secours de la seule ville de Troye : la seconde, ce fut la valeur d'Hector : enfin la troisième , c'est la dispute qui s'éleva entre Agamemnon et Achille.

Agamemnon avait chez lui une fille connue sous le nom de Chryséis, qu'il avait enlevé à son père Chrysès , prêtre d'Apollon. Ce prêtre pria Apollon de le venger , et ce dieu envoya dans l'armée grecque une peste qui y causa de grands ravages. Achille , pour faire cesser cette peste , contraignit Agamemnon de rendre Chryséis à son père. Agamemnon, outré

de colère, enleva de son côté Briséis à
Achille. Celui-ci ne pouvant supporter
cette insulte, s'enferma dans sa tente, et
laissa battre les Grecs par les Troyens.

Lorsque de nos combats me disputant le prix,
L'injuste Agamemnon m'enleva Briséis,
Dans ma tente enfermé, tout brûlant de colère,
J'eus beau voir la fortune aux Grecs par-tout contraire,
Pour eux aucun secours ne me sembla permis ;
Et par cette retraite utile aux ennemis,
Laissant à leurs efforts nos escadrons en proie,
Je fis plus pour Priam que tous les dieux de Troye.

Th. CORNEILLE.

Il prêta seulement ses armes à son ami
Patrocle, qui les ayant prises, et ayant
osé attaquer Hector, fut tué par ce brave
prince.

Ne vous souvient-il plus, seigneur, quel fut Hector ?
Nos peuples affaiblis s'en souviennent encor.
Son nom seul fait frémir nos veuves et nos filles ;
Et dans toute la Grèce, il n'est point de familles
Qui ne demandent compte à ce malheureux fils,
D'un père ou d'un époux qu'Hector leur a ravis.

RACINE.

Alors Achille, pour venger son ami,
reprit les armes : il tua Hector, et traîna
trois fois de suite son corps autour des
murailles de la ville.

A quel excès d'horreur la vengeance l'égare ;
Ce n'est plus un héros, c'est un tigre barbare.
Il insulte au cadavre, il lui perce les pieds,
qui de sa main sanglante à son char sont liés ;
. . . .
. . . .
Le traîne, et du tombeau fesant trois fois le tour,
De l'horreur du spectacle, il fait pâlir le jour.

LAMOTTE.

XIII. La Ruine de Troye.

La mort d'Hector fut suivie de la défaite des plus vaillans capitaines Troyens. Priam et Hécube étaient réduits au désespoir, lorsque Pâris leur promit de faire mourir Achille, qui était le principal appui des Grecs. Il avait découvert qu'Achille était amoureux de Polixène, fille de Priam : il lui fit espérer qu'il épouserait cette princesse.

La négociation en apparence de ce prétendu mariage, donna lieu à une trève de quelques jours entre les deux armées. Pâris donna un rendez-vous à Achille dans un temple d'Apollon, sous prétexte de conférer ensemble plus à loisir sur cette affaire. Achille s'y rendit de bonne foi ; il ne se défiait point de la perfidie de Pâris ; mais le traître le tua d'un coup de flèche au talon, seule partie du corps d'Achille qui ne fût pas invulnérable, parce que ce talon n'avait pas été trempé dans les eaux du Styx ; c'était par-là que sa mère Thétis le tenait, lorsqu'elle le plongea dans ce fleuve, dont les eaux rendent invulnérable.

A peine il a du coup senti la rude atteinte,
Qu'il tombe ; et d'un regard qui fait naître la crainte,
Reprochant à Pâris son indigne attentat,
Il faut céder, dit-il, au destin qui m'abat ;
Je meurs. Du lâche coup dont la rigueur m'entraîne,
L'infamie était due au ravisseur d'Hélène.

Th. Corneille.

Ovide

Ovide parle de cette mort, comme si Achille eût été tué dans le combat.

Ajax, fils de Télamon et d'Hésione, et Ulysse, roi d'Itaque, disputèrent, en présence des Grecs, à qui aurait les armes d'Achille : elles furent adjugées à Ulysse par les capitaines grecs. Ajax se tua de désespoir. *Dispute d'Ajax et d'Ulysse.*

Cependant les Grecs ayant pensé qu'on pouvait aussi se venger des traîtres par la trahison, et employer la tromperie contre ceux qui trompent, font semblant d'être rebutés des longueurs de la guerre, et de vouloir retourner en leur pays. Ils fabriquent un cheval de bois d'une grandeur extraordinaire, comme si c'eût été un présent qu'ils eussent voulu faire à Minerve, pour appaiser cette déesse. Ils l'avaient, disaient-ils, offensée, en enlevant de la forteresse de Troye le palladium : c'était une petite statue de Minerve. On croyait que le destin et le bonheur de Troye dépendaient de cette statue. *Cheval de bois.*

Les Grecs laissèrent ce cheval sur le rivage de Troye, et se retirèrent à l'isle de Ténédos qui est vis-à-vis. Les Troyens, de leur côté, ayant abattu une partie de leurs murailles, traînèrent le cheval dans la ville ; mais les Grecs revenus de Ténédos pendant la nuit, entrèrent sans bruit par la brèche que les Troyens avaient faite, et mirent le feu à cette malheureuse ville, qui était alors ensevelie dans le sommeil et dans le vin. Quelques-uns disent que la ville fut trahie par Enée et par Anténor, et qu'ils la livrèrent aux Grecs.

X

Pyrrhus. Polixène. Pyrrhus, fils d'Achille, égorgea Priam à l'autel même de Jupiter. Il immola Polixène aux mânes d'Achille sur le tombeau de ce héros, qui avait aspiré aux noces de cette princesse. Il emmena prisonnière en Grèce *Andromaque.* Andromaque, femme d'Hector. *Pâris tué par Philoctète.* Pâris fut percé par Philoctète d'un coup de l'une de ces flèches qu'Hercule mourant avait données à ce héros. Ménélas retira Hélène d'entre les mains de Déïphobe, qui l'avait épousée après la mort de Pâris. Ce fut Hélène elle-même, selon Virgile, qui livra Déïphobe à Ménélas. *Æneid. lib. vj, v.* 525.

Astyanax. Ajax consumé par la foudre. Astyanax, fils d'Hector, fut précipité du haut d'une tour par le conseil d'Ulysse. Ajax, fils d'Oïlée, ayant outragé Cassandre, fille de Priam, au pied même d'une statue de Pallas, où elle était venue se réfugier, attira sur lui la colère de cette déesse : *Naufrage des Grecs.* il fit naufrage, et fut consumé par la foudre. La flotte des Grecs revenant en Grèce, vingt donner imprudemment contre les écueils de Capharée : c'est un promontoire de l'isle d'Eubée ; une bonne partie de leurs vaisseaux y firent naufrage, ce qui arriva par la malice de Nauplius, roi d'Eubée. Ce prince, irrité de ce qu'Ulysse avait accusé faussement son fils Palamède, que les Grecs avaient fait mourir, fit allumer pendant la nuit des feux sur des rochers ; de sorte que l'armée navale, croyant que ces feux indiquaient que c'était là le port, vint échouer témérairement contre ces écueils.

Époque de la ruine de Troye. Au reste, la ruine de Troye arriva l'an

du monde 2870 , lorsqu'Aïlon était juge
parmi les juifs.

> Ce ne fut qu'après dix années
> D'épreuve et de travaux constans,
> Que ces glorieux combattans
> Triomphèrent des destinées ,
> Et que loin des bords Phrygiens
> Ils emmenèrent enchaînées
> Les veuves des héros troyens.

Rousseau.

On dit que dans cette guerre , le nombre
des morts du côté des Grecs , se montait à
huit cent quatre-vingt-six mille hommes,
et que les Troyens , avant la prise de leur
ville , en avaient perdu six cent soixante et
seize mille.

XIV. Agamemnon et Oreste.

AGAMEMNON, de retour dans son Palais ,
tomba sous le fer de Clytemnestre , sa femme , et d'Egyste , qui en était l'amant.

> Agamemnon , vainqueur de tant de rois,
> Revenait triomphant jouir de ces exploits.
> Egyste , en son absence , ayant séduit la reine,
> De ses amours furtifs appréhendant la peine,
> Au sein de ce grand roi , digne d'un sort plus beau ;
> Inspira Clytemnestre à porter le couteau ;
> Prétextant , pour couvrir sa lâche perfidie ,
> Qu'elle vengeait sur lui le sang d'Iphigénie.

La Grange-Chancel.

Oreste vengea la mort de son père en tuant

X 2

Egyste, et même Clytemnestre, sa propre mère. Depuis ce parricide, il croyait toujours voir sa mère autour de lui, armée de flambeaux et de serpens.

Mais quelle épaisse nuit tout-à-coup m'environne ?
De quel côté sortir ? D'où vient que je frissonne ?
Quelle horreur me saisit ? Grâce au Ciel, j'entrevoi. . .
Dieux ! quels ruisseaux de sang coulent autour de moi !

. . . .

. . . .

Hé bien, filles d'enfer, vos mains sont-elles prêtes ?
Pour qui sont ces serpens qui sifflent sur vos têtes ?
A qui destinez-vous l'appareil qui vous suit ?
Venez-vous m'enlever dans l'éternelle nuit !
Venez, à vos fureurs Oreste s'abandonne.

RACINE.

Oreste consulta l'oracle pour apprendre ce qu'il devait faire, afin d'être délivré de ce spectre, qui n'était produit que par ces remords. L'oracle lui ordonna d'aller dans la Chersonèse Taurique : c'est aujourd'hui la Crimée, dans la petite Tartarie en Europe. Oreste s'y rendit avec Pylade, fils du roi Strophius. Pylade avait déjà donné à Oreste, *Amitié d'Oreste et Pylade.* en plusieurs occasions, des marques sensibles de l'amitié qu'il avait pour lui ; mais il la fit paraître ici plus qu'en aucune autre. C'était la coutume en Taurique de se saisir des étrangers qui y abordaient, et de les immoler à Diane, qui était la principale divinité de cette contrée. Pylade et Oreste *Thoas.* furent pris, et menés à Thoas, grand-prêtre de la déesse. Ce pontife fut touché de l'air de condition et des manières nobles de ces étrangers ; et ne pouvant les sauver tous les deux sans blesser les lois de son pays, il leur dit que l'un d'entr'eux serait dispensé de la loi, mais qu'il fallait que le sort en décidât.

Ce fut alors qu'il s'éleva une dispute célèbre entre Pylade et Oreste ; l'un voulait mourir pour l'autre : le sort condamna Oreste à la mort.

J'appris que, pour venger le trépas de son père,
Ayant trempé ses mains dans le sang de sa mère,
Tourmenté, déchiré de ce crime odieux,
Egalement haï des hommes et des dieux,
Il en traînait par-tout l'idée épouvantable ;
Et que, pour expier ce meurtre détestable,
Avec un seul vaisseau, guidé par sa fureur,
Au sein de vos états, au fond de votre cœur,
Portant au sacrilège une main résolue,
Il venait de Diane enlever la statue.

La Grange-Chancel.

Iphigénie, sœur d'Oreste, était alors prê-tresse de Diane, et présidait à ces sacrifices inhumains. Diane l'avait autrefois transportée d'Aulide en ce pays-là, lorsque cette déesse substitua une biche à la place de la princesse qu'on voulait lui sacrifier, comme Ovide le raconte au Livre douzième de ces Métamorphoses.

Dans le moment qu'Iphigénie portait le coup à Oreste, elle le reconnut pour son frère. Ils tuèrent Thoas, après quoi Oreste retourna en Grèce avec sa sœur et avec Pylade, et ils emportèrent la statue de Diane.

Armons-nous d'une noble et sainte confiance,
L'image de Diane est en votre puissance,

X 3

Pour expier l'horreur dont mon nom est taché,
A son enlèvement mon sort est attaché.
Livrez-la moi. Comblés de gloire et d'alégresse,
Prenant heureusement les chemins de la Grèce,
Où mon crime par-là doit enfin s'effacer,
Ma sœur, parmi nos dieux nous irons la placer.

LᴀGʀᴀɴɢᴇ-Cʜᴀɴᴄᴇʟ.

Statue de Diane. Ainsi Oreste ayant expié son parricide, selon l'ordre de l'oracle, et étant heureusement délivré de l'aspect terrible des furies, il gouverna heureusement le royaume que son père lui avait laissé. Cette même statue de Diane fut portée en dernier lieu en Italie, et placée dans la forêt d'Aricie. Le gardien du temple de Diane Aricine, et qui était en même-temps prêtre de la déesse, avait le titre de *roi des foréts* : c'était ordinairement un esclave fugitif qui jouissait de cette royauté, jusqu'à ce qu'un autre fugitif comme lui, vînt, dans un combat singulier, lui ravir cet honneur avec la vie.

XV. Uʟʏssᴇ.

Aᴘʀᴇ̀s la ruine de Troye, Ulysse fut errant pendant dix années, avant que de revoir ses dieux Lares.

Au reste Ulysse était fils de Laërte et d'Anticlée. Les Grecs l'appellent Ὀδυσσεὺς et Ὑδυσσης selon les Eoliens. Il était roi d'Itaque et de Dulichium ; ce sont deux isles entre Céphalénie et l'Acarnanie. Itaque s'appelle aujourd'hui *Iotaco*, et Dulichium , *Teaki.*

A peine fut-il monté sur son vaisseau , que la tempête le jeta sur les côtes de la Thrace. Polymnestor en était roi , et c'était à sa foi et à ses soins que Priam avait confié son fils Polydore et ses trésors , pour les empêcher de tomber entre les mains des Grecs. Polymnestor , prince avare et perfide , massacra Polydore , pour rester paisible possesseur des trésors. Hécube arriva avec Ulysse à la cour de ce prince ; car dans le partage que les Grecs firent du butin et des captifs de Troye , Hécube était échue à Ulysse. Cette mère infortunée, ayant appris le procédé inhumain de Polymnestor , vint le trouver , fesant semblant d'ignorer sa perfidie , elle feignit d'avoir encore un autre trésor à lui confier. Le roi flatté par cette espérance , suivit Hécube qui le tira à part , sans que sa cour l'accompagnât. Alors la princesse lui saute au visage , et avec ses ongles lui arrache les yeux : on accourt au bruit, le peuple survient, qui accable Hécube à coups de pierres. Les dieux la changèrent en une chienne enragée.

Ulysse se remit en mer , mais les vents l'emportèrent en Afrique chez les Lotophages. Ces peuples sont ainsi appelés de l'arbre Lotos qui croît chez eux , et dont le fruit est si agréable et si séduisant , qu'il fait oublier aux étrangers leur propre patrie , ce qui fut cause qu'Ulysse perdit en ce pays-là quelques-uns de ses compagnons : mais les autres reprenant leur navigation , passèrent avec lui en Sicile. Polyphème , le plus horrible des

Polymnestor, assassin de Polydore.

Hécube.

Lotophages.

Polyphème.

Cyclopes, en dévora six. Mais un jour que ce Cyclope était appesanti par le vin, Ulysse le surprit, et lui arracha l'œil qu'il avait au milieu du front, après quoi, ce capitaine se sauva promptement chez Eole, qui pour mettre les vents contraires hors d'état de nuire à Ulysse, les enferma dans des outres qui furent ensuite portées sur son vaisseau. Les compagnons d'Ulysse, poussés par une funeste curiosité, ouvrirent les outres, alors les vents en liberté excitèrent de nouvelles tempêtes qui exposèrent Ulysse à de nouveaux dangers.

Ulysse ré-fugié chez Eole.

Curiosité des compagnons d'Ulysse.

A peine en était-il échappé, à peine avait-il pu se sauver des mains barbares des Lestrigons qui habitaient sur les côtes de Formies, et qui se nourrissaient de chair humaine, que Circé, fameuse sorcière, tâcha de le faire tomber dans ses pièges, par les démonstrations séduisantes d'une favorable réception.

Lestrigons

Circé.

Lorsqu'à l'époux de Pénélope
Minerve accorde son secours,
Les Lestrigons et le Cyclope
Ont beau s'armer contre ses jours,
Aidé de cette intelligence,
Il triomphe de la vengeance
De Neptune en vain courroucé,
Par elle il brave les caresses
Des Sirènes enchanteresses,
Et les breuvages de Circé.

ROUSSEAU.

Cette magicienne changea les compagnons d'Ulysse en différentes sortes de bêtes ; mais Ulysse échappa à tous ces artifices magiques, par le secours de l'herbe *moly*, dont Mercure lui avait fait présent ; cette herbe est le symbole de la sagesse.

Ce fut pourtant par le moyen de Circé qu'Ulysse passa jusqu'aux enfers, où il apprit du devin Tirésias plusieurs aventures qui devaient lui arriver.

Ce fut par un pareil bonheur et une semblable prudence qu'il évita, dans la même mer de Tyrrène, les suites funestes du chant trompeur des Sirènes : il boucha les oreilles de ses compagnons avec de la cire, et se fit attacher au mât du vaisseau. De là il vint débarquer en Sicile : la nymphe Phaétuse gardait alors les bœufs du Soleil. Ulysse défendit expressément à ses compagnons de toucher au sacré troupeau : mais ses ordres ne furent point suivis ; ses compagnons, pressés de la faim, dérobèrent quelques-uns de ces bœufs. Le Soleil irrité, fit perdre à Ulysse ses vaisseaux et ses compagnons. Ulysse se sauva à peine lui-même à la nage sur une planche du débris de son vaisseau. Il arriva en cet état à l'isle d'Ogygie, où la nymphe Calypso lui ayant fait équiper un navire tout neuf, il se mit en mer.

Sirènes.

Phaétuse.

Calypso.

> Pour fixer le volage Ulysse,
> Jouet de Neptune irrité,
> En vain Calypso plus propice,
> Lui promet l'immortalité ;
> Peu touché d'une isle charmante,
> A Pluton, malgré son amante,
> Des ses jours il soumet le fil ;
> Aimant mieux dans sa cour déserte
> Descendre au tombeau de Laërte,
> Qu'être immortel dans un exil.　　　G R E S S E T.

Mais Neptune, qui ne pouvait pardonner à Ulysse d'avoir crevé l'œil de son fils Polyphème, vengea le cyclope en fesant faire naufrage au héros.

Leucothée Ulysse se sauva encore de ce naufrage sur une planche que la nymphe Leucothée lui fournit ; ce fut par ce secours qu'il arriva à l'isle de Corcyre, autrement l'isle des Phéaciens. Alcinoüs, roi de ces peuples, lui donna des vaisseaux, avec lesquels il arriva enfin à Itaque, qui est au sud de Corcyre, aujourd'hui Corfou, et n'en est éloignée que d'environ quinze de nos lieues marines.

Arrivée d'Ulysse à Itaque.

Se délivre des amans de Pénélope. Ulysse entra dans son palais déguisé en homme de la campagne, et ne se fit connaître d'abord qu'à son fils Télémaque, et à quelques domestiques affidés, par le moyen desquels il se délivra des amans de sa femme Pénélope, et rentra enfin dans tous ses droits et dans tous ses biens.

Ulysse paraissait n'avoir plus rien à souhaiter ; mais il s'éleva dans son cœur une crainte secrète d'être tué par son propre fils. Tirésias lui avait prédit ce malheur dans les enfers. Pour éluder cette funeste prédiction, il songeait à se retirer en quelque solitude, lorsque Télégone qu'il avait autrefois eu de Circé, ayant appris l'heureuse arrivée de son père en Itaque, y vint pour lui témoigner la joie qu'il prenait à cet heureux succès.

Télégone.

Mort d'Ulysse. Pendant qu'on le repoussait comme inconnu, il s'éleva quelque tumulte à la porte du palais : Ulysse y accourut pour voir ce qui se passait, et dans tout ce désordre , il fut blessé malheureusement par Télégone d'un coup de flèche. Il ne fut pas possible d'apporter de remède à sa blessure , parce que le fer était empoisonné.

XVI. Enée.

Enée était fils de Vénus et d'Anchise, prince Troyen. Il avait épousé Créuse , l'une des filles de Priam. Vénus sa mère le sauva de l'embrasement de Troye : mais la colère de Junon, ennemie implacable du nom Troyen , le fit errer pendant sept ans en différentes mers. Après ce temps-là, il arriva à Carthage , où , comme le disent Virgile et Ovide , la reine Didon bâtissait cette nouvelle ville.

Didon.

Cette princesse retint Enée pendant quelques mois; mais enfin Jupiter ordonna à ce prince de continuer sa route vers l'Italie , où ayant vaincu Turnus, roi des Rutules , il épousa Lavinie , fille du roi Latinus , auquel il succéda par le droit de sa femme. Ce fut ainsi qu'Enée jeta les fondemens de l'empire romain.

Au reste, les aventures d'Enée et de Didon n'ont été que des bruits populaires ou des imaginations des poètes. Car , selon les chronologistes , Enée a vécu trois cens ans

avant Didon ; mais l'imagination des poètes
ne s'astreint pas toujours à l'ordre des temps.
Ils se sont amusés à faire entretenir ensemble le héros et l'héroïne, qui sont regardés
comme les premiers fondateurs, l'un de
Rome, et l'autre de Carthage, fameuses
rivales, qui ne furent long-temps occupées
qu'à se détruire, et dont l'une enfin suc-
comba sous la puissance de l'autre.

Fin de l'Abrégé de la Fable.

TABLE

TABLE
GÉOGRAPHIQUE

Des noms de Régions , de Villes , de Fleuves , etc. contenus dans l'Abrégé de l'Histoire Ancienne (*).

A.

Achaïe, *Achaïa.* C'était la partie septentrionale du Péloponnèse , ayant à l'est la Sicyonie. Lorsque les Romains commencèrent à se mêler des affaires de la Grèce, comme la ligue des Achéens en fesait la principale force, ils donnèrent le nom d'Achaïe à presque toute la Grèce propre, c'est-à-dire, depuis la Thessalie exclusivement, jusqu'aux parties les plus méridionales.

Afrique, *Africa.* Une des quatre parties du monde. (*Voyez* l'Abrégé de la Géographie). Les anciens ne connaissaient guère de l'*Afrique* que la partie la plus septentrionale, depuis la Grande-Syrie , à l'est , jusqu'à la Numidie , à l'ouest. Là etaient Carthage , Utique, etc. C'est où se trouve aujourd'hui *Tunis.*

Alexandrie, *Alexandria.* Plusieurs villes de l'antiquité ont porté ce nom , et toutes rapportaient leur fondation à Alexandre. Celle qu'il fonda en Egypte, était sur la mer Méditerranée , assez près de l'embouchure du bras

---

(*) Cette table n'est point de l'auteur de l'Abrégé ; il s'est permis d'en retrancher quelques phrases inutiles.

X

occidental du Nil. Elle était en face de l'isle de Pharos, et avait au sud le lac Maréotide. Elle devint célèbre sous les Ptolémées par son commerce et par sa bibliothèque. Conquise par les Sarrasins, sous le règne d'Héraclius, elle n'a cessé de perdre de sa puissance et de son étendue.

AMPHIPOLIS, en Thrace, sur le Strymon, près de son embouchure; son nom est aujourd'hui *Iamboli*.

ARABIE, grande presqu'isle de l'Asie, entre la mer rouge à l'ouest, et le golfe persique à l'est. *Voyez* sa division dans l'Abrégé de la Géographie

ARBELLE, *Arbela*, dans l'Adiabène, province de l'Assyrie, à l'est du Tigre. Ce lieu se nomme aujourd'hui *Erbil*.

ARCHIPEL. On appelle mer de l'Archipel, la partie de la méditerranée qui baigne les côtes de la Grèce à l'est et au sud. On désigne les isles qu'elle renferme, par le nom d'isles de l'Archipel : de là on a nommé *Archipel* les amas d'isles, dans quelqu'endroit de la mer qu'elles se trouvent.

ARGINUSES, *Arginussæ*, isles au sud-est de Lesbos, mais plus près du continent de l'Asie-mineure, où est un promontoire appelé autrefois *Cana*, appartenant à l'Etolie.

ARGOS, capitale de l'Argolide, contrée méridionale du Péloponnèse, sur l'Inachus : ce lieu porte encore le nom d'*Argo*.

ASIE-MINEURE. Ce nom, inconnu dans l'antiquité, a été donné dans des temps postérieurs à la presqu'isle que forme l'Asie à l'ouest, et que l'on a nommée *Anatolie*, puis par corruption *Natolie*.

ASSYRIE, province considérable de l'Asie à l'est du Tigre, ayant l'Arménie au nord et la Babylonie au sud : c'est aujourd'hui le *Curdistan* ou pays des Curdes.

ATHÈNES, *Athenæ*, capitale de l'Attique, et la plus illustre des villes grecques, tant par la gloire du peuple qui l'habitait, que par la beauté et le grand nombre de monumens dont elle était ornée. Éloignée de la mer de quarante stades (*), elle communiquait avec le port de Pyrée par un long espace enfermé de murailles ; elle avait encore les ports de Munichie et de Phalère. On la nomme encore *Atheni*.

ATHOS (Mont), montagne, formant la plus orientale de trois espèces de petites presqu'isles, qui terminent une presqu'isle plus grande, appartenant à la Macédoine, entre le golfe termaïque, à l'ouest, et le golfe du Strimon à l'est. Le mont Athos se nomme actuellement *Agios-Oros*, ou *monte sancto*, à cause de la grande quantité de monastères qui y sont bâtis.

ATTIQUE, contrée de la Grèce où était Athènes. *Voyez* GRÈCE.

B.

BABYLONE, ville très-célèbre d'Asie, sur l'Euphrate, un peu au-dessus de sa jonction avec le Tigre. Elle était si grande, que l'on estime son rapport à l'égard de Paris, comme cinq est à deux ; mais cette étendue, enfermée de hautes murailles, n'était pas toute remplie d'habitations. Elle tomba en décadence sous

---

(*) On lit dans un nouveau Dictionnaire Géographique, Historique, etc. Athènes *éloignée de la mer de quatre stades* ; ce doit être une faute d'impression : les quatre stades n'auraient pas fait un quart de lieue, à 94 toises et demie chacun ; au lieu qu'il y avait deux lieues d'Athènes au Pyrée.

lss princes Parthes. On croit en retrouver encore quelques vestiges dans le lieu nommé *Babil*.

B a c t r i a n e , *Bactriana*, province d'Asie à l'est de l'Arie (*Aria*) , et au nord-ouest de l'Inde. Elle s'étendait le long de la rive méridionale de l'Oxus, qui la séparait de la Sogdiane. C'est aujourd'hui une partie de la Tartarie indépendante où est le *Balk*, autrefois Bactra, capitale du pays.

B é o t i e , contrée de la Grèce propre au nord-ouest de l'Attique. Ce pays est montagneux, et l'air y est un peu épais. On y trouvait Thèbes , Chéronée , Orchomène , Leuctres , Platée, etc.

B é t i q u e , province qui répond à une partie de l'Espagne actuelle , appelée *Andalousie*. Ce fut la première que connurent les Phéniciens. Elle était riche et fertile. Son principal fleuve était le *Bétis*, qui sous les Maures a pris le nom *Guadi-al-Kivir*, ou grand-fleuve, d'où s'est formé Guadalquivir, qu'il porte actuellement.

B i t h y n i e , *Bithynia*, province de l'Asie-mineure, sur le Pont-Euxin entre le Rhyndacus à l'ouest, et le Parthénius à l'est. Les principales villes étaient Prusa, Nicomédia,

B y s a n c e , *Bysantium*, ville de Thrace, sur une pointe de terre, entre la Propontide (*mer de Marmara*), et une longue manche , ou espèce de baie que les anciens appelaient *Chrysoceras*, ou corne d'or. C'est cette baie qui forme le port de Constantinople, l'un des plus magnifiques et des meilleurs que l'on connaisse. Depuis que Constantin eut transféré à Bysance le siège de son empire, elle prit le nom de ce prince, et fut appelée Constantinople.

C.

Cadix, *Gades ou Gadir*, ville de la Bétique, fondée par les Phéniciens, dans une isle vers l'embouchure du Bétis. Cette ville était, par rapport à eux, au-delà du détroit qu'ils appelaient *Fretum Gaditanum*, ou *Herculeum*: c'est le détroit de Gibraltar.

Canal, tiré du Nil à la mer rouge, le seul canal d'Egypte; dont l'antiquité puisse donner quelque notion; c'est celui qui fut fait sous Ptolémée Philadelphe, lequel commençant au Nil à Babylon, allait par le nord-est, jusqu'à Pharbœtus, puis revenait par le sud-est à Héroopolis, traversait un petit lac, et se rendait dans la mer rouge à Arsinoé, vers l'endroit où est *Suez*.

Carthage, *Carthago*, ville de l'*Afrique propre* des anciens, et l'une des plus fameuses de l'antiquité. Sa citadelle se nommait *Byrsa*: c'était la partie la plus ancienne? elle avait un port formé de main d'homme, nommé *Cothon*. Le véritable nom de cette ville, en langue punique et phénicienne, était *Carthada*, c'est-à-dire, ville nouvelle, d'où les Latins avaient fait *Carthago*, et les Grecs *Carthedon*. Détruite par les Romains 146 ans avant l'ère vulgaire, elle fut rétablie ensuite; mais les Arabes la renversèrent de nouveau; à peine en voit-on quelques vestiges.

Caspienne (Mer), *Caspium mare*. Les anciens la connaissaient mal. *Voyez* l'Abrégé de la géographie et la carte moderne de l'Asie.

Cécropie, nom que porta d'abord la ville d'Athènes, d'après son fondateur Cécrops.

Chéronée, *Cheronæa*, ville de la Béotie en Grèce, au nord-ouest, vers la Phocide, sur un petit fleuve qui se rendait dans le lac Copaïs. L'Historien Plutarque était de cette ville. Elle est célèbre par la victoire de Philippe (dont il est parlé dans cet ouvrage), et par une autre victoire remportée par Sylla sur les généraux de Mithridate.

CHYPRE, *Cyprus*, isle de la Méditerranée, au sud de la Cilicie, et à l'ouest de la Phénicie. Elle était riche et fertile. C'est dans cette isle à l'ouest qu'était la célèbre ville de Paphos, où l'on disait qu'avait abordé Vénus en sortant de l'écume de la mer.

CILICIE, *Cilicia*, contrée de l'Asie-mineure, au sud, entre la Pamphilie à l'ouest, et la Syrie à l'est. On la divisait en Cilicie *raboteuse* ou *trachea*, et Cilicie *champêtre* ou *campestris*, c'est-à-dire, qui a des plaines. Cette dernière avait au nord le *mont Taurus*, et à l'est le *mont Amanus*.

COLCHIDE, *Colchis*, contrée d'Asie, à l'est du Pont-Euxin qui en baigne les côtes. La Colchide est célèbre dans la Fable, par l'expédition de Jason et des Argonautes. Une partie de ce pays porte aujourd'hui le nom de *Mengrélie ou Mengril* : le reste répond à l'*Iméritie*.

CORINTHE, *Corinthus*, ville célèbre de la Grèce, sur la côte septentrionale du Péloponnèse, au fond d'un golfe et près d'un isthme qui portaient son nom. Sa citadelle était nommée *Acro-Corinthe*. Détruite par Mummius, 146 ans avant J. C., elle fut rebâtie au temps de César, cependant ce n'est plus aujourd'hui qu'un petit village sous le nom de *Corito*.

CORONÉE, *Coronæa*. L'antiquité connaissait plusieurs villes de ce nom : celle dont il est parlé dans cet ouvrage, était en Béotie vers le sud-est de Chéronée, et comme elle sur un ruisseau qui se rendait dans le lac Copaïs.

CRÈTE, *Creta*, isle la plus grande et la plus méridionale de l'Archipel : c'est dans cette isle qu'est le mont *Ida*, sur lequel, selon les poètes, on avait élevé Jupiter : c'est aussi en Crète qu'avait régné Minos, et que Dédale avait construit son fameux labyrinthe dans les états de ce prince. Les Turcs l'appellent *Icriti*, et les Européens *Candie*.

CYDNUS, fleuve, dans la Cilicie *campestris*, ayant sa source dans le Taurus, et se jetant, au sud, dans la mer, après avoir arrosé la ville de Tharse (*Tharsus*). Ses eaux étaient extrêmement fraîches.

D.

DAMAS, *Damascus*, ville de la Cèle-Syrie, à l'est de Sidon. Cette ville est située dans une vallée, fertilisée par des eaux vives et fraîches. Elle devint la métropole d'une province appelée *Phénicie du Liban*. Elle se nomme actuellement *Damesk*.

DÉCÉLIE, *Decelia*, petite ville de l'Attique, presqu'au nord d'Athènes, et sur le chemin de cette ville à Érétrie dans l'isle d'Eubée ; le Céphissus coulait tout près à l'ouest.

DELPHES, *Delphi*, ville de la Phocide, auprès du mont Parnasse. Elle était célèbre par les oracles que la Pythie y rendait dans un temple, consacré d'abord à la Terre, puis à Neptune, à Thémis, enfin à Apollon. Ce temple renfermait de grandes richesses ; il fut pillé par les Phocéens vers le temps de Philippe, puis par les Gaulois, 78 ans avant J. C. Delphes porte aujourd'hui le nom de *Castri*.

E.

Ecbatane, *Ecbatana*, capitale de la Médie, fondée par Déjocès : Hérodote lui donne sept enceintes, bâties en amphitéâtre les unes autour des autres. Son nom moderne est *Hamédan* ou *Hamadan*.

Egine, *Ægina*, isle située sur le golfe Argolique, en face d'Epidaure, et au sud-ouest d'Athènes. Elle porte aujourd'hui le nom d'*Engia*.

Egos-Potamos, c'est-à-dire, le *Fleuve de la Chèvre* ; c'est un petit ruisseau de la Chersonnèse de Thrace, entre Sestos au sud-ouest, et Callipolis au nord-est, et en face de Lamsaque. En cet endroit, l'Asie est séparée de l'Europe par l'Hellespont, (actuellement Détroit des *Dardanelles*).

Egypte, *Ægyptus*, contrée d'Afrique, au nord-ouest, ayant à l'est l'isthme de Suez et la mer rouge. Elle a environ deux cens lieues du sud au nord ; mais elle est étroite, et ne forme presque qu'une vallée, arrosée au milieu par le Nil, qui la fertilise par ses débordemens. (*Voyez* Nil). Les anciens la divisaient en Egypte *supérieure*, au sud ; Egypte du *milieu* ou *Hepta-Nomis*, et en Egypte *inférieure*, dont la partie renfermée entre les bras du Nil, depuis leur division jusqu'à la mer, portait le nom de *Delta*. Dans l'Egypte supérieure, ou haute Egypte, était la fameuse Thèbes, ou Diospolis la grande : dans l'Hepta-nomie, Memphis, sur la rive gauche du Nil, et tout près de la basse Egypte ; et dans cette dernière, Héliopolis, peu éloignée de Memphis, au nord-est, et Alexandrie à l'ouest, et Péluse à l'est, toutes deux sur le bord de la mer.

Elatée, *Elatia*, au nord-est de Delphes et

du Parnasse, et peu éloignée du Céphisus à sa gauche.

Ephèse, ville célèbre de l'Asie-mineure, sous le 38.e degré de latitude, assez près de l'embouchure du Caïstre. Les villes grecques de l'Asie y avaient élevé, à frais communs, un magnifique temple à Diane. Elle fut la demeure d'un proconsul romain. Il n'en subsiste que des ruines, sous le nom d'Aiosoluc.

Espagne, *Hispania*, grande partie de l'Europe au sud-ouest. Les anciens la divisaient en *Lusitanie*, (qui est à-peu-près le Portugal) en *Taragonoise* et en *Bétique*. De plus grands détails ne sont pas de notre objet.

Etolie, *Ætolia*, contrée de la Grèce propre, au sud de la Thessalie, entre l'Acarnanie à l'ouest, et la Doride et la Locride à l'est. Son principal fleuve était l'Evénus, et sa ville principale Calydon.

Eubée, *Eubœa*, isle de la Grèce dans la mer de l'Archipel, à l'est de la Béotie et de l'Attique : elle est séparée du continent par un détroit si peu large, qu'une galère y passait difficilement. C'est ce détroit que les anciens ont appelé *Euripe*, et dans lequel le flux et reflux est presque aussi sensible que dans l'Océan. Ses principales villes étaient Chalcis et Erétrie. Le nom d'Euripe, altéré dans celui d'Egipo, a servi à former le nom de Négrepont, que l'on donne communément à cette isle.

Eulée, *Eulœus*, fleuve de la Susiane, qui communiquait avec le Pasitigris, au moyen d'un canal.

Euphrate, *Euphrates*, grand fleuve d'Asie, commençant aux montagnes d'Arménie, et se réunissant au tigre avant que de se rendre dans le golfe Persique. Ce fleuve passait à Babylone du nord au sud.

G.

GALATIE, ou GALLO-GRÈCE, *Galatia*, grande contrée de l'Asie-mineure, au sud d'une partie de la Bithinie et de la Paphlagonie. Elle avait pris son nom d'une émigration de Gaulois qui, sous la conduite de Brennus, s'y étaient établis environ 270 ans avant J. C. ; et comme auparavant il y avait eu des Grecs, on leur donna le nom de *Gallo-Grecs*. Ils étaient partagés en trois nations. Ancyre (anciennement *Angoura*) était leur principale ville.

GAULOIS, peuples habitans de la Gaule, qui comprenait la France actuelle et plusieurs pays adjacens.

GAZA, ville de la Palestine, assez près de l'Egypte. On voit par l'Ecriture Sainte, qu'elle avait appartenu aux Philistins. Elle avait un port qui n'en était pas éloigné. Son nom et sa position sont encore les mêmes.

GRANIQUE, *Granicus*, petit fleuve, ou plutôt espèce de torrent qui prenait sa source au mont Ida en Phrygie, et coulait par le nord-est pour se rendre dans la Propontide, à-peu-près à égale distance entre Lamsaque et Cysique. Son nom actuel est *Ousvola*.

GRÈCE, *Græcia*, grande contrée d'Europe, qui, sous le même nom, fait partie de la Turquie Européenne. Elle était divisée en terre-ferme et en presqu'isle, appelée Péloponnèse. La terre-ferme comprenait, en commençant par le nord, la Macédoine, l'Illyrie, l'Epire, la Thessalie, et la Grèce *propre*, comprenant l'Acarnanie, l'Etolie, la Locride, la Doride, la Phocide, la Béotie, la Mégaride et l'Attique. Le Péloponnèse renfermait l'Achaïe, la Sicyonie, la Corinthie, l'Argolide, la Laconie, la Messénie, l'Élide et l'Arcadie.

Ses principales isles étaient, à l'ouest dans la mer Ionienne, Corcyre, Leucade, Céphallénie, Itaque, Zacynthe, les Strophades. Dans la mer Égée, Thasos, Scyros, Eubée, Andros, Mycone, Délos, Céos, Naxe, Paros; au sud, Cythère et l'isle de Crète.

H.

HALICARNASSE, *Halycarnassus*, ville de la Carie, au sud-ouest d'une petite presqu'isle qui s'avance vers l'isle de Cos (*Stanco* ou *Stanchio*). Elle était la résidence des rois de Carie, et fut ornée d'un superbe tombeau que la reine Arthémise fit élever à Mausole son mari. Les historiens Hérodote et Dénis d'Halicarnasse, étaient de cette ville.

HELLESPONT, *Hellespontus*, détroit fort resserré entre la partie du sud-ouest de la Chersonnèse de Thrace et la Troade, à l'entrée de la Propontide.

HÉLIOPOLIS, ville d'Egypte dans le Delta, au nord-est de Memphis, à quelque distance du Nil. Son nom signifie *Ville du Soleil*.

HYDASPE, fleuve des Indes, qui se rend dans l'Indus à sa gauche, au lieu où fut fondée une ville du nom d'Alexandrie.

I.

ILLYRIENS, habitans de l'Illyrie, contrée que, dans une division fort étendue de la Grèce, on comprend comme en fesant partie; elle était à l'ouest de la Macédoine, elle fait partie de l'Albanie actuelle.

HILOTES ou HÉLOTES. La ville d'Hélos était dans la Laconie, près du bord de la mer, vers le sud-est de Sparte. Ajis 1.er, roi de Sparte, en 1056 avant J. C. ayant pris cette ville, en réduisit les habitans en servitude, sans qu'il fût permis de leur rendre la liberté, ni les vendre. On les destina, eux et leurs descendans, à la culture des terres ; dans la suite, tous les esclaves cultivateurs furent nommés chez les Lacédémoniens *Hélotes* ou *Ilotes*, à la différence de ceux qui servaient dans les maisons, et que l'on nommait οἰκέται (oikétâi), ou *domestiques*, c'est-à-dire, servant dans les maisons (*).

Ionie, *Ionia*. On nommait ainsi une partie de la côte occidentale de l'Asie-mineure, tenant à la Lydie. Elle s'étendait, à-peu-près, depuis l'Hillus au nord, jusqu'au Méandre au sud. Des Grecs s'y étaient établis vers l'an 900 avant l'ère vulgaire. Ephèse et Smirne en étaient les principales villes.

Inde, *India*, vaste région de l'Asie qui porte encore le même nom, et que les anciens ne nous ont fait connaître qu'assez imparfaitement.

Indus, fleuve considérable de l'Inde, dont le nom actuel est *Sind*. Il commence aux monts appelés autrefois *Emodi*, et se rend par le sud ouest dans un petit golfe, appelé alors *Baraces*.

Issus, lieu devenu célèbre depuis la victoire d'Alexandre, dans la Cilicie *campestris*, tout près des confins de la Syrie, où était un défilé appelé *Syriæ pilæ*, portes de Syrie.

(*) Et réellement on retrouve dans οἰκέται le mot οἶκος, maison, comme dans *domestique* on retrouve le mot *domus*, qui signifie aussi maison en latin.

Jupiter-Amnon.

J.

Jupiter-Ammon (Temple de). Il était situé dans un canton de la Lybie, à l'ouest de l'Egypte, vers le sud-ouest de Memphis. On présume qu'il était dans le lieu appelé *Sant-Rieh*.

L.

Lacédémone, ou Sparte, ville considérable du Péloponnèse dans la Laconie, et la rivale d'Athènes dans les affaires générales de la Grèce. Elle était située sur l'Eurotas, assez loin de la mer. La ville de *Misistra* ne répond actuellement qu'à une partie du terrain qu'occupait Lacédémone ou ses dépendances.

Laconie, région du Péloponnèse dont Lacédémone était la capitale. Elle avait au nord l'Arcadie, à l'est l'Argolide et la mer, au sud la mer, et la Messénie à l'ouest. L'Eurotas était son principal fleuve.

Lamsaque, *Lampsacus*, ville de l'Asie-mineure, sur le canal ou détroit qui portait le nom d'Hellespont, et communiquant à la Propontide, au nord-est d'Abydos. Ce lieu porte encore le nom de *Lampsaki*.

Leuctre, *Leuctra*, petite bourgade de la Béotie, à l'ouest de Platée, vers le golfe de Corinthe.

Liban, chaîne de montagnes de la Syrie, s'étendant du nord au sud parallèlement au rivage de la mer. Ces montagnes sont en grande partie couvertes de cèdres.

Locriens, peuples de la Grèce, divisés en Locriens *Ozoles*, ayant pour villes principales, *Amphissa* et *Naupacte*, à l'ouest de la Phocide; en Locriens *Opuntiens*, où était *Opus*, sur un golfe de son nom, en face de l'Eubée, et en Locriens *Epi-Cné-*

midiens, parce qu'ils habitaient auprès du mont *Cnémis*. Il y avait encore les Locriens *Epi-Zéphiriens*, mais ils habitaient en Italie, dans la grande Grèce, auprès du promontoire *Zéphirium*.

LYDIE, grande contrée de l'Asie-mineure, à l'ouest, assez près de la mer, dont elle n'était séparée que par la côte d'Ionie. Ses principaux fleuves étaient le *Pactole* et le *Méandre* au sud, et ses principales villes, *Sardes*, *Magnésie*, au nord-ouest, et *Philadelphie*, au sud-est de Sardes.

M.

MACÉDOINE, région considérable d'Europe, au nord de la Thessalie. Elle avait d'abord été peu étendue, et traitée par les Grecs de pays barbare ; mais depuis les règnes de Philippe et d'Alexandre, elle fut comprise au nombre des provinces de la Grèce, et envoya des députés au conseil des Amphyctions. Ses principaux fleuves étaient le *Strymon*, l'*Axtus*, l'*Haliacmon*, etc. Ses Principales villes, *Edesse*, *Pella*, *Thessalonique*.

MANTINÉE, ville considérable de l'Arcadie, vers l'Argolide. Il paraît que ce fut près d'un bois appelé *Pélagos*, au sud-ouest de la ville, que fut donnée la bataille dans laquelle périt Epaminondas. Mantinée est actuellement remplacée par *Trapolizza*.

MARATHON, bourg de l'Attique, au nord-est d'Athènes, dont il était séparé par le mont Pentelique. Ce lieu porte encore le même nom.

MASSAGETTES, nation Scythe, habitant au-delà de l'Iaxarte, au nord-est de la Sogdiane.

MÉDIE, *Media*, province d'Asie au sud et au sud-ouest de la mer Caspienne. Ecbatane en était la ville la plus considérable.

Mégalopolis, ville fondée en Arcadie d'après les vues d'Epaminondas, et dont le nom signifie *la grande ville*, parce que l'on y réunit les habitans d'un assez grand nombre d'autres villes, trop faibles pour suffire à leur propre défense. Elle était au sud sur l'Hélisson, qui se rendait dans l'Alphée.

Memphis, ancienne ville de l'Egypte dans l'Heptanomie sur la rive gauche du Nil, vers le sud-ouest du Caire, et peu éloignée du lieu où se trouvent les pyramides, plus à l'ouest.

Mer Rouge, *Sinus Arabicus*, à l'est de l'Egypte ; cette mer communiquerait avec la mer méditerranée, sans l'isthme de Suez qui joint l'Asie avec l'Afrique.

Méris (lac). Ce lac était en Egypte, à l'ouest du Nil. Comme le rapport des anciens n'est pas uniforme à son égard, cette diversité d'opinions a donné lieu à bien des conjectures. M. d'Anville pense que par le lac Méris, Strabon désigne un grand amas d'eau que les voyageurs modernes retrouvent encore entre les montagnes, au sud.

Mésopotamie, *Mesopotamia*, province d'Asie, dont le nom signifie *entre les fleuves*, parce qu'en effet elle était entre l'Euphrate à l'ouest, et le Tigre à l'est, qui la resserraient fort au sud. Les Arabes l'appellent l'isle, ou *Algézira*.

Messénie, *Messenia*, contrée du Péloponnèse à l'ouest de la Laconie. Ce pays passa au pouvoir des Lacédémoniens. Sa capitale était Messène, qui avait au nord la citadelle appelée Ithome. Ces deux places étaient reculées dans l'intérieur du pays, et non pas sur le bord de la mer, comme on le voit dans quelques cartes très-imparfaites.

Milet, *Miletus*, ville de la Carie dans

l'Asie-mineure, au nord d'Halicarnasse, et au sud de l'embouchure du Méandre. Elle est célèbre par ses colonies et par le philosophe Thalés.

MYCALE, mont de l'Ionie, formant un promontoire en face de l'isle de Samos, un peu au nord de Méandre.

MYCÈNE, *Mycenæ*, ville de l'Argolide à l'ouest d'Argos, et non sur la côte au sud-ouest, comme l'indiquent quelques cartes. Elle passait pour avoir été fondée par Persée, et fut la capitale des états d'Agamemnon. Ses ruines subsistaient encore au temps de Pausanias, qui les avait vues, environ 140 ans depuis l'ère vulgaire.

MYTILÈNE, ville principale de l'isle de Lesbos, et la patrie de la fameuse Sapho et de plusieurs autres personnages distingués. On la nomme aujourd'hui *Mitilini*.

N.

NIL. Ce fleuve commence dans l'intérieur de l'Afrique, à 10 degrés de l'équateur. Il arrosait l'Ethiopie en Egypte du sud au nord. Un peu au-dessus de Memphis, il se séparait en deux branches, qui formant un angle, allaient au nord-est et au nord-ouest se jeter dans la mer. Il commence à s'enfler au mois de mai, déborde en juillet, et rentre dans son lit en octobre et novembre. C'est cette inondation qui fertilise les terres ; mais il faut qu'elle aille au-dessus de 16 coudées, et qu'elle ne passe pas 24. La coudée est appelée *draa* ; elle a 20 pouces et demi de notre pied (*).

____

(*) On trouve un autre sentiment dans les *Mém.* des *Litt.* tom. 16, *p.* 357. Mais j'ai bien examiné ce point de géographie, et je crois la mesure de 20 pouces et demi très-sûre.

Ninive, ville fameuse d'Asie, sur le bord du Tigre, vers le nord-ouest de Babylone. On trouve encore un lieu appelé *Nino*, où sont des vestiges d'une grande ville sur la rive opposée à Mosul.

O.

Olympie, ville de l'Elide, considérable par les jeux qu'on y célébrait tous les quatre ans, et qui portaient son nom. Elle était tout près de Pise, avec laquelle quelques géographes ont eu tort de la confondre, et arrosée par le fleuve Alphée.

Olynthe, ville située dans la partie de la Macédoine qui forme une presqu'isle entre les golfes Thermaïque et Strimonique. Elle était sur une hauteur au fond du golfe Toronaïque, au sud-est de Thessalonique.

P.

Paros, petite isle de l'Archipel à l'ouest de Naxe : elle était riche et renommée par ses marbres. Elle est peu considérable aujourd'hui, et se nomme *Paro*.

Péloponnèse, presqu'isle au sud de la Grèce, dont elle forme une partie considérable. Suivant l'étymologie que l'on en donne ordinairement, ce nom signifie *isle de Pélops*. Pélops était fils de Tantale, roi de Phrygie, qui régnait vers l'an 1500 ou 1520 avant J C. Il était venu, disait-on, s'établir en Grèce, et ses descendans portèrent le nom de *Pélopides*. Le Péloponnèse est joint à la terre-ferme par un isthme appelé autrefois *isthme de Corinthe*, et actuellement *Hexamili*, parce qu'il a six mille de largeur. Depuis que les Héraclides, soutenus des Doriens, s'étaient emparés du

Péloponnèse, on avait élevé sur l'isthme une colonne, où l'on voyait du côté de Corinthe : *C'est de ce côté le Péloponnèse, et non l'Ionie*. Et du côté de l'Attique : *C'est ici l'Ionie, et non le Péloponnèse*. Cette presqu'isle s'appelle aujourd'hui *Morée*.

PÉLUSE, *Pelusium*, ville considérable de l'Egypte, située à l'embouchure du bras oriental du Nil : c'était la clef de l'Egypte de ce côté. Son nom en grec indique qu'elle était dans des marais. Le nom de *Tineh*, que ses ruines portent aujourd'hui, a, en Arabe, la même signification. Quelques auteurs ont cru, mal-à-propos, que Damiette occupait son emplacement ; cette dernière est plus occidentale.

PERSE, *Persis*, province d'Asie, ayant au nord la Médie, à l'est la Carmanie, au sud le golfe Persique, et à l'ouest la Susiane ; c'est aujourd'hui le *Farsistan*. Elle a ensuite donné son nom à un empire puissant fondé par Cyrus et détruit par Alexandre. Sa principale ville était *Persépolis*.

PERSÉPOLIS, dont le nom signifie *ville de Perse*, et vient du grec, n'avait probablement pas ce nom chez les Perses. Elle est détruite ; on nomme son emplacement, où se voient beaucoup de ruines, *Estakar*.

PHALÈRE, *Phalerus*, était un port d'Athènes tout près de *Munichia*, mais moins considérable que le Pyrée.

PHAROS, isle longue et étroite en face de la côte où était Alexandrie, en Egypte. Elle était jointe au continent par une chaussée longue de sept stades, et par cette raison nommée *Heptastadium*. Il y avait pour la ville d'Alexandrie, un port de chaque côté de cette chaussée.

Phénicie, région d'Asie, resserrée entre des montagnes à l'est, et la mer Méditerranée à l'ouest. Ses principales villes étaient Béryte, Sydon et Tyr. Elle fait partie de la *Sourie* actuelle.

Phères, *Pheræ*, ville de la Thessalie, sur le Naurus, à l'est, assez près la Démétriade, et au sud des monts Ossa et Pélion.

Phocide, contrée de la Grèce, ayant au nord la Thessalie, à l'est les Locriens, au sud-est la Béotie, à l'ouest les Locriens *Ozoles*, et la Doride. Elle renfermait le *Parnasse* et la ville de *Delphes*.

Phrygie, *Phrygia*, contrée très-considérable de l'Asie-mineure, dont elle occupait à-peu-près le centre, avec la Cappadoce qu'elle avait à l'est.

Platée, *Plateæ*, ville de la Béotie, au sud-ouest de Thèbes, et au nord du mont Cythéron. Les Thébains détruisirent cette ville ; mais Alexandre permit à ses anciens habitans de la rebâtir.

Pont-Euxin, grande étendue de mer entre l'Europe et l'Asie, au-delà du bosphore de Thrace. C'est aujourd'hui la Mer *noire*.

Potidée, *Potidæa*, appelée depuis Cassandrie, était au sud-ouest d'Olynthe, sur un isthme qui joint la terre à la presqu'isle, appelée alors *Pallène ou Phlégra*.

Pyrée ou Pire, port d'Athènes, joint à cette ville par un espace de quarante stades, fermé de murs de chaque côté : c'est aujourd'hui *Porto-Leone*.

Pythiques (Jeux). C'était des jeux assez semblables aux jeux olympiques, et les plus célèbres après eux. Ils se célébraient tous les deux ans à Delphes, en l'honneur de la prétendue victoire d'Apollon sur le serpent Python.

R.

Rhodes, *Rhodus*, isle dans la Méditerranée, au sud de la Carie. Sa capitale portait le même nom, et avait été fondée au temps de la guerre du Péloponnèse.

Rome, *Roma*, ville considérable de l'Italie sur le Tibre. (*Il en sera parlé avec quelque détail dans la géographie de l'Histoire Romaine*).

S.

Salamine, *Salamis*, petite isle du golfe Saronique, au sud d'Éleusis, et à l'ouest du Pyrée, ne laissant qu'un passage fort étroit entr'elle et la terre-ferme : elle se nomme à présent *Colouri*.

Sardaigne, *Sardinia*, grande isle de la Méditerranée, entre l'Espagne à l'ouest et l'Italie à l'est, au sud de l'isle de Corse.

Sardes, ville considérable de l'Asie-mineure, et la capitale de la Lydie, sur le Pactole.

Scythie, *Scythia*. Les anciens désignaient par ce nom les parties de l'Asie que nous nommons aujourd'hui Tartarie. Ce nom même s'était étendu dans la partie occidentale de l'Europe. Le mont Imaüs, situé en Asie vers le 95.ᵉ degré de longitude, et 35 et 40 de latitude, divisait la Scythie au-deça et Scythie au-delà de l'Imaüs, *Scythia intrà* et *Scythia extrà Imaüm*.

Sélasie, *Selasia*, ville de la Laconie, au nord de Sparte, sur le fleuve OEnus.

Sparte, *Sparta*, capitale de la Laconie, aussi nommée *Lacédémone*.

Par *Lacédémoniens*, on entendait tous les peuples de l'état ; au lieu que par *Spartiates*, on n'entendait que les citoyens de Sparte.

Sicile, *Sicilia*, grande isle de la Méditerranée, à l'extrémité de l'Italie. Presque toutes ses villes étaient de fondation grecque. (*Il en sera parlé plus en détail dans la Géographie de l'Histoire Romaine*).

Sicyone, *Sicyon*, ville de la Grèce dans la Sicyonie, au nord du Péloponnèse , et au nord-ouest de Corinthe. Elle avait donné naissance à d'habiles artistes : c'est aujourd'hui un petit lieu nommé *Basilico*.

Sidon, ville célèbre de la Phénicie, au nord de Tyr. Elle fut autrefois capitale d'un petit état , et eut des rois. On croit que la ville de *Seïde* est dans son emplacement.

Sogdiane, *Sogdiana*, province de l'Asie, à quelque distance à l'est de la mer Caspienne, au-delà de l'Oxus : c'est à-peu-près ce que nous appelons *Trans-Oxiane ou Maüer-Ennahar*, (au-delà du fleuve) selon les Orientaux, *Maracanda* y occupait le lieu où est à présent *Samarcande* en Tartarie.

Sybarites, habitans de Sybaris en Italie, sur le golfe de Tarente. Ils étaient connus par leurs goûts efféminés , et leur penchant à une excessive mollesse.

Syrie , *Syria*, grande province d'Asie, entre la Mésopotamie à l'est , et les côtes de la Phénicie à l'ouest. Elle comprenait plusieurs provinces dont le détail serait ici déplacé.

T.

Tanagre , ville de la Béotie à l'est, sur une hauteur au nord, et près de l'embouchure de l'Asopus.

Tarse, *Tarsus*, ville de la Cilicie *Campestris* , sur le Cydnus.

Tégyre , ville qui paraît avoir appartenu à la Béotie , et qui devait être le nord d'Orchomême. Au moins Plutarque, en parlant du Mélas qui arrose les terres où elle est située, indique-t-il cette position. Il ajoute même (*in vitâ Pellopid.* qu'il y avait au même lieu un temple d'Apollon *Tégyrien.* Cette ville paraît avoir été négligée par tous les Géographes ; M. d'Anville lui-même l'a omise sur sa carte de la Grèce.

THÈBES, *Thebæ*, ville considérable de la Béotie, au sud-est du lac Copaïs ; sa citadelle se nommait Cadmée. Le petit village qui a pris sa place, porte le nom de *Thiva.*

THERMOPYLES, *Thermopylæ*, défilé étroit entre le bord de la mer et les montagnes, par lequel on passait de la Thessalie dans la Locride des *Epi-Onémidiens*, et de là dans le reste de la Grèce. *Thermopyles* signifie *portes chaudes*, ainsi nommées, parce qu'il y avait des sources chaudes en ce lieu. Ce défilé, large au plus de 25 pieds, porte le nom de *la bouche du loup.*

THRACE, grande contrée d'Europe, qui s'étendait depuis la Macédoine à l'ouest jusqu'à la Mer noire.

TIGRE, grand fleuve d'Asie, bornant à l'est la Mésopotamie. Il commence en Arménie, se joint à l'Euphrate, puis se jette dans le golfe Persique.

TRÉSÈNE, ville de l'Argolide sur le golfe Saronique, au sud-est d'Epidaure.

TROYE, *Troja*, ville considérable d'Asie, dans la Troade, tout près de l'Hellespont. On avait bâti une seconde Troye sur les ruines de la première, et c'est de celle-ci que l'on voit les restes.

TYR, ville de Phénicie, bâtie d'abord dans le continent, puis dans une isle au sud de Sidon.

Fin de la Table Géographique.

TABLE

De l'Abrégé de l'Histoire Ancienne, par
Demandes.

I. *Sur les Egyptiens.*

IV. *Sur les Mèdes et sur les Perses.*

V. *Sur les Indiens.*

HISTOIRE GRECQUE.
CHAPITRE PREMIER.

Des temps fabuleux et héroïques.

CHAPITRE II.

De Sparte et des lois de Lycurgue.

CHAPITRE III.

d'Athènes et des lois de Solon.

CHAPITRE IV.

Les Perses vaincus par Miltiade.

CHAPITRE V.

Aristide et Thémistocle, Xerxès.

CHAPITRE VI.
Les Perses vaincus et chassés.

CHAPITRE VII.
Rivalité de Sparte et d'Athènes.

CHAPITRE X.

Commencemens de la guerre du Péloponnèse.
Alcibiade.

CHAPITRE XI.

Suite de la guerre du Péloponnèse.

CHAPITRE XII.

Délivrance d'Athènes. Procès de Socrate.

CHAPITRE XIII.

Agésilas en Asie. République de Thèbes.

CHAPITRE XIV.

Succès des Thébains.

CHAPITRE XV.

Philippe, roi de Macédoine.

CHAPITRE XVI.

Fin de Philippe. Phocion.

CHAPITRE XVII.

Règne d'Alexandre jusqu'à la bataille d'Arbelles.

CHAPITRE XVIII.
Fin du règne d'Alexandre.

CHAPITRE XIX.
Affaires d'Athènes et de Macédoine.

CHAPITRE XX.

Partage de l'Empire d'Alexandre.

CHAPITRE XXI.

Ligue des Achéens. Agis et Cléomène.

CHAPITRE XXII.

*Sur les arts, la littérature et les sciences de
la Grèce.*

Fin de la Table de l'Histoire Grecque.

TABLE

De l'Abrégé de la Fable, afin d'en faciliter les questions.

PREMIÈRE PARTIE.

Des Dieux du premier et du second ordre.

SECONDE PARTIE.

Des demi-Dieux et des Héros.

Fin de la Table.

avec le secours des plus riches du lieu, dont les bienfaits secondèrent la bonne volonté du jeune Exupère et celle de ses parens. Appliqués à veiller continuellement sur ses mœurs, ils n'avaient pas de plus grand désir que de les former sur la règle de l'évangile. Exupère reconnaissant le doigt de Dieu dans les avantages qu'il recevait de la part des

père. Ses reliques, dont cette ville possède une partie, le beau temple que ses habitans ont élevé en son honneur; la tradition la plus constante, qui, loin d'avoir été contredite, ou de s'être altérée par le laps du temps, a été au contraire approuvée, et s'est toujours soutenue sans la plus légère trace d'incertitude dans toutes les paroisses de la vallée et dans les pays circonvoisins, assurent à la ville d'Arreau la gloire d'avoir donné sur la terre une patrie au grand saint Exupère. Puisse l'efficacité de son intercession nous obtenir la pratique de ses vertus!

le clergé jeta les yeux sur lui, pour le charger de la culture des ames à la place de la culture des champs, où il travaillait fréquemment, autant par un motif de pénitence et d'humilité, qu'à cause de son indigence. Il fut donc tiré de la charrue, pour être promu à l'épiscopat, dont il n'accepta le fardeau qu'en tremblant et en se faisant violence. Elevé à cette haute dignité, il n'oublia point le conseil du Sage, qui dit : *plus vous serez grand et élevé, plus vous devez vous humilier en toutes choses; c'est ainsi que vous trouverez grâce devant Dieu.* A cette humilité profonde qui accompagnait toutes ses paroles et ses actions, Exupère joignait un regret amer de ses fautes et de celles du peuple que le Seigneur lui avait confié. Comme une fidèle sentinelle, il veillait sans cesse sur son troupeau. Effrayé de la menace que Dieu fait aux pasteurs par son pro-